designnähen
Haupt

designnähen

22 Wohnaccessoires

Katie Ebben

Fotografien von Chris Tubbs

Arrangements von Katie Ebben

Haupt Verlag
Bern · Stuttgart · Wien

Haben Sie Anregungen für unser Programm? Möchten Sie uns zu einem Buch ein Feedback geben? Wünschen Sie regelmäßige Informationen über unsere neuen Kunsthandwerk-Titel?
Dann besuchen Sie uns bitte im Internet auf **www.haupt.ch**

Die englische Originalausgabe erschien 2004 unter dem Titel *Stitch it* bei Conran Octopus Ltd, GB-London

Aus dem Englischen übersetzt von Waltraud Kuhlmann, D-Bad Münstereifel

Umschlaggestaltung: Irina Rasimus, D-Köln

Satz der deutschen Ausgabe: Thomas Heider, D-Bergisch Gladbach

Bibliografische Information der *Deutschen Bibliothek:*
Die Deutsche Bibliothek verzeichnet diese Publikation in der Deutschen Nationalbibliografie; detaillierte bibliografische Daten sind im Internet über http: dnb.ddb.de abrufbar.

ISBN 3-258 06778-3

Wir weisen darauf hin, dass alle Maßangaben Zirkamaße sind. Wie viel Stoff Sie benötigen, hängt davon ab, wie groß das genähte Teil werden soll, ob Sie gemusterten oder unifarbenen Stoff verwenden, und davon, wie breit Ihr Stoff liegt. Da Stoffe in unterschiedlichen Breiten erhältlich sind, geben wir in manchen Fällen lediglich die benötigte Stofflänge an.

In den letzten Jahren war es um die textilen Wohnaccessoires relativ schlecht bestellt. Fälschlicherweise brachte man sie mit Einrichtungen aus der Massenproduktion in Verbindung, die hoffnungslos überdekoriert und mit Rüschen verziert waren. In eleganteren Kreisen reagierte man auf diesen Einrichtungsstil, indem man möglichst alle Textilien aus dem Haus verbannte und sich auf Ungemustertes und Unifarbenes konzentrierte. Glücklicherweise legt man inzwischen den Akzent auf Persönlichkeit und schöpft beim Einrichten aus unterschiedlichen Quellen. Stoff ist ein vielseitiges Material; mit ihm kann man Farb- oder Struktureffekte erzielen, einen Hingucker kreieren oder eine weiche und angenehme Umgebung schaffen.

Einerseits wird das Textildesign von der Spitzentechnologie beeinflusst, die bei der Entwicklung neuer Fasertypen für den Einsatz im Militär- und Sportbereich, ja sogar im Weltraum Anwendung findet; mit der Folge, dass wir diese Fasern auch für unsere Kleidung und den Wohnbereich verwenden. Andererseits umweht die Luxusmarken ein Hauch althergebrachter Techniken. Sie besinnen sich auf diese zurück und lassen komplizierte Handwerkstechniken wieder aufleben, um Produkte zu schaffen, die an unsere nostalgische Sehnsucht appellieren. Heute ist etwas Handgefertigtes zum Synonym für Qualität und Exklusivität geworden.

Das alte Tuchmacherhandwerk ist aus dem Bedürfnis hervorgegangen, sich mit Kleidung vor Wind und Wetter zu schützen. Im Laufe unserer Evolution gewannen Textilien auch im Wohnbereich an Bedeutung. Die Art und Weise, wie Textilien früher eingesetzt wurden, beeinflusst jedoch auch die Gegenwart. Wir beziehen auch heute unsere Betten, legen eine Decke auf den Tisch oder einen Teppich auf den Boden, wenngleich dies eher der Dekoration dient als der Vermeidung von Zugluft.

Vielleicht waren es die alten Griechen und Römer, die den größten Einfluss darauf haben, wie wir unser Zuhause gestalten. Stoff benutzten sie in dekadentem Überfluss: An den Wänden hing er in langen Bahnen, Gewölbe und Fenster waren umrahmt von Stoffgirlanden und Kaskaden aus gerafftem Tuch, die Schlafstatt war mit schweren Bettvorhängen behangen und Vorhänge traten an die Stelle von Türen. Noch extremer dekorierten sie ihre Diwane. Sie bezogen die Matratze und türmten die Kissen stapelweise darauf.

Das Mittelalter war die Epoche der Wandbehänge. Tapisserien erfreuten sich großer Beliebtheit. Nach heutigem Empfinden machen sie einen Raum zu dunkel, doch viele Techniken, die bei ihrer Fertigung angewendet wurden, sind heute noch im Polstergewerbe gebräuchlich.

Auch in der Renaissance spielten Textilien eine große Rolle. Nach dem Modediktat jener Zeit mussten alle Stilelemente aufeinander abgestimmt sein. Beliebt waren Borten mit breiten Einfassungen, mit ihnen verdeckte man Nähte und schuf ein zusätzliches Zierelement. Erst im achtzehnten Jahrhundert kamen Vorhänge in der Art auf, wie wir sie heute kennen.

Betten und Sitzmöbel waren in jeder Epoche deutlichen Wandlungen unterworfen. Auf das Himmelbett mit schwerem Stoffbaldachin und Bettvorhängen folgte das Bett mit verkürzter Holzkonstruktion als Betthimmel. Im späten achtzehnten Jahrhundert wurden Betten in Schlittenform beliebt, von deren verkürztem oder langem Himmel Seidendekorationen herabhingen.

Mitte des neunzehnten Jahrhunderts gewannen Sofas und Stühle durch die weite Verbreitung der Sprungfeder erheblich an Sitzkomfort. Das viktorianische Haus war voll gestopft mit überpolsterten Stühlen, Massen von Mustern, schweren Fenstervorhängen und gepolsterten Paravents. Auch die Erfindung der Anilinfarben hatte auf die viktorianische Inneneinrichtung einen massiven

Einfluss. Sie führte zu einer Explosion der Farben. Gleichzeitig lockerte man das steife Arrangement des Mobiliars auf: Stühle und Sofas stellte man wie heute zu geselligen Sitzgruppen um den Kamin herum zusammen.

Das zwanzigste Jahrhundert brachte eine Vereinfachung des Designs, obgleich das Muster nie wirklich aus der Mode gekommen ist. Man denke nur an die vom Jazz beeinflussten Designs der 20er-Jahre und die Blumenmuster der 30er-Jahre. In den 40er-Jahren ging man mit Muster und Farbe zweckbetonter um – eine Folge des Zweiten Weltkriegs. In den 50er-Jahren vollzog sich im Textildesign jedoch ein Wandel, der es frischer daherkommen ließ. Sehr populär wurden abstrakte Muster und ein neuer Hang zu einem modernen, skandinavisch und amerikanisch beeinflussten Geschmack trieb regelrecht Wurzeln.

Das vorliegende Buch erläutert, wie sich Stoffe in unseren eigenen vier Wänden gekonnt einsetzen lassen. Es enthält daneben Tipps, wie man sie harmonisch kombinieren und eindrucksvolle Effekte erzielen kann – gleich, ob Ihr Geschmack zum Klassischen oder Modernen tendiert. Ein weiteres Kapitel widmet sich der Arbeit maßgebender, zeitgenössischer Designer, die für ihren innovativen und klugen Einsatz von Textilien und Design berühmt geworden sind.

Im letzten Kapitel werden 22 Nähprojekte vorgestellt, vom einfachen Kissen bis hin zu komplizierteren Bezügen. Leicht verständliche Anleitungen und Fotos führen durch die Projekte und vermitteln Ideen, wie Sie die Arbeiten in verschiedenen Räumlichkeiten einsetzen können. Sie können die Projekte entweder eins zu eins nacharbeiten oder sie als Anregung für selbst kreierte Wohnaccessoires benutzen. Was könnte schließlich individueller sein, als Ihre persönliche Wohnumgebung mit Dingen zu schmücken, die Sie selbst entworfen und gefertigt haben?

Inspiration

Farbe ist im Interieurdesign sehr wichtig. Sie ist ein kraftvolles Medium, mit dem man die Atmosphäre, das Raumgefühl und selbst die gefühlte Temperatur in einem Raum verändern kann. Zuerst bestimmt man die Farbe, die im Raum dominieren soll. Sie sollte den größten Farbanteil ausmachen, sei es an der Wand, als Teppich oder als Bodenfliesen, als Vorhangstoff oder als Bezug eines großen Sitzmöbels. Dazu passend stellt man eine Farbpalette zusammen und fügt zur Abrundung Struktur und Muster hinzu. • Überlegen Sie, welchen Stil Sie anstreben oder welche Raumwirkung. Verwenden Sie zum Beispiel für die Einrichtung eines zeitlos klassischen Wohnzimmers neutrale Beigetöne, Weiß oder Creme als Hauptfarbe. Wählen Sie traditionelle Stoffe, wie frisch gestärktes Leinen, zweifarbige Karomuster, schwere Baumwolle und Drillich oder Nadelstreifenstoffe. Beleben Sie sie mit warmen Farbakzenten – weiche Rosa- oder Rottöne verbreiten Behaglichkeit – oder mit tiefen Blautönen, Tannengrün und Grautönen – durch sie wird die Atmosphäre kühler und intellektueller gestaltet.

Berücksichtigen Sie stets die Himmelsrichtung, in die der Raum zeigt, denn sie bestimmt in gewissem Maße, welche Farben und Farbtöne dort am besten zur Geltung kommen. In Räume, die nach Norden gehen, fällt ein blaueres, kühleres Licht. Sie profitieren somit von wärmeren Farbtönen, wie Creme, Gelb und Rosé. Nach Süden gerichtete Räume können dagegen kühlere Farben vertragen. • Farbe hat eine enorme Wirkung auf unsere Gefühlswelt und kann uns in unserem Empfinden beeinflussen. Rot- und Orangetöne sind belebend und erhöhen den Puls, während Blassgrün beruhigend und besänftigend wirkt. Versuchen Sie, die Farbe Ihrer Wahl mit der Funktion des Raumes in Einklang zu bringen. Schlafräume sollten Ruheräume sein. Gut machen sich hier weiche Blau- und Lilatöne. Ruhige Blassgrüntöne und Beige, die entspannend wirken, eignen sich dagegen für den Wohnbereich. In der Küche kann eine kraftvollere Atmosphäre vorherrschen. Ist ein Essbereich integriert, so ist es ratsam, übermäßig lebhafte und schrille Farben zu vermeiden, die vom Essen ablenken.

Kalte Farben

Das Spektrum kalter Farben reicht von eisigen Weiß- und blassen Blautönen bis hin zu dunklem Indigo. Dazwischen liegen Silber, blasses Blaugrün, dunkles Grün sowie blau und grün getönte Grauschattierungen. Kalte Farben werden bisweilen negativ wahrgenommen – haben Sie nicht schon oft gehört, dass die Farbe Blau als kalt abgetan wird? Lassen Sie sich nicht durch Vorurteile bei der Verwendung kalter Farben beeinflussen, es würde Ihnen eine vielseitige Farbpalette entgehen. Viele Gründe sprechen dafür, kalte Farben einzusetzen. Blau lässt einen Raum größer erscheinen, blasse kalte Farben wirken leicht und werden auch wegen ihrer beruhigenden Wirkung gelobt. Sie sind die ideale Wahl für Schlafraum, Bibliothek und Wohnzimmer – die Räume, in denen Sie sich entspannen wollen.

Oben *Stoffe in gebrochenem Weiß, kombiniert mit Naturholz und getünchten Wänden, schaffen ein schlichtes, frisches Interieur.*
Rechts *Weiche Lila-, Beige- und Weißtöne gleichen das Blassgrau der Wand aus und ergeben eine frische Farbkomposition. Überwurfdecken mit Struktur bringen einen Hauch von Wärme und Kontrast ins Spiel.*

Blau und Weiß

Eine der beliebtesten Kombinationen kalter Farben ist Blau-Weiß. Über die Jahrhunderte wurden diese Farben miteinander eingesetzt. Man denke nur an chinesisches Porzellan und Delfter Fayencen aus dem achtzehnten Jahrhundert. Miteinander kombiniert wirken sie frisch und zeitlos. Klassisches Blau und weiße Streifen oder Karos für Vorhänge, Polstermöbel oder Bettwäsche haben einen lebhaften und dennoch entspannten Look. Im blau-weißen Weidenmuster mit chinesischer Landschaft oder in *Toile de Jouy* haben die Farben gleiche Anteile. Hier wirken sie eher feminin und machen sich besonders gut im Schlafzimmer.

Monochrome, d.h. einfarbige Farbkombinationen haben eine direkte Wirkung. Um dieser eher flachen Farbskala mehr Tiefe zu verleihen, fügen Sie passende Grün- oder Lavendelnuancen hinzu, doch nehmen Sie diese Farben nur für kleinformatige Accessoires, wie Kissen oder kleine Decken, damit ihr Anteil nicht überwiegt.

Tiefe kühle Farbtöne

Die Verwendung von tiefen kühlen Farbtönen, wie Indigo, Marine, Pflaume, Flaschengrün und sogar Schwarz, war im Interieurdesign immer ein Privileg der Begüterten. Meist gilt: Je intensiver und dunkler der Farbton, desto teurer war es, ihn herzustellen. Tiefes Blau gewann man aus Lapislazuli und Indigo extrahierte man aus der aus Indien importierten Indigopflanze. Tiefschwarz oder Jettschwarz kam in den 1920ern im Interieurdesign auf und wurde mit Silber, Blassrosa und Mintgrün kombiniert.

Wenn wir uns die Inneneinrichtungen prächtiger alter Villen vor Augen führen, in denen dunkle kühle Farbtöne vorherrschen, werden wir feststellen, dass sie fast ausnahmslos mit Silber, Gold und großen Spiegelflächen kombiniert wurden. Das diente der räumlichen Harmonie, gleichzeitig sollte das Licht reflektiert und vervielfältigt werden. Ähnliche Effekte erzielen Sie im eigenen Zuhause, wenn Sie einen reich verzierten venezianischen Spiegel über ein dunkelgraues Sofa hängen oder einen versilberten Wandleuchter neben einem schwaren Samtvorhang platzieren.

Solche dunkleren kühlen Farbtöne machen sich gut in geselligen Räumen. Falls Sie ein Esszimmer in kühlen Farben dekorieren, sollten Sie schwere Stoffe, wie Samt, Bouclé oder Brokat, auf den Gebrauch für Sitzbezüge und Kissen beschränken. Nehmen Sie für die Fenster Satin, Chintz, hauchdünne Gewebe oder Damast in tiefen kühlen Tönen. Wenn das Gesamtbild zu schwer wirkt, lockern Sie das Ganze mit einem Beige-, Weiß- oder Cremeton auf. Zum Beispiel können die Tischdecke, das Rollo und die Zimmerdecke in einer neutralen Farbe gehalten werden, während für Polster, Kissen, Vorhang und Wände tiefe kühle Pflaumentöne möglich sind.

Wassertöne

Wassertöne gehören zu den Farben, die sich leicht miteinander kombinieren lassen. Von Eisbergtürkis bis zu wässrigem Blassblau machen sich die Farben dieser Gruppe sehr gut nebeneinander. Sanftes Graublau kann einem Raum eine traditionelle Aura verleihen. Beleben Sie die Farben mit Rosa- oder Lila-Akzenten. Ein gekälkter Dielenboden und schlichte Fensterdekoration, wie Raffrollos oder Vorhänge mit Schlaufen oder Plisseefalten, die an weißen Holzstangen befestigt sind, harmonieren gut damit.

Scheuen Sie sich nicht, Blau- und Grünschattierungen zu mixen. Solange sie auf der Farbskala den gleichen Wert haben, passen sie gut zueinander. Um feststellen zu können, ob unterschiedliche Stoffe zusammenpassen, sollten Sie ein Musterbrett anlegen. Dazu sammeln Sie Stoffmuster und ordnen sie auf einem Brett neben Proben der Wandfarbe und Teppich- oder Bodenmustern an. Gehen Sie sicher, dass das Stück des Stoffs, den Sie hauptsächlich verwenden möchten, das größte Muster ist, und platzieren Sie kleinere Muster der beigeordneten Stoffe darum herum.

Blass grünstichige Blautöne passen gut in ein Badezimmer. Ein Duschvorhang aus kalkig grünem Frottee bringt kühle Farbe mit behaglicher Struktur ins Bad. Fertigen Sie aus Gebrauchsstoffen, wie grünen und weißen Leinengeschirrtüchern, Sitzkissen an. Sie trocknen schnell und nehmen Feuchtigkeit auf.

Lavendel

Lavendel ist der letzte Farbton auf der Blauskala, bevor Blau in Purpur übergeht. Lavendel ist eine weiche kalte Farbe, weil sie mit Rosa abgeschwächt ist. Das lässt sie zu einem wärmeren Farbton werden als etwa *Wedgwood*-Blau. Das bedeutet, dass sie in Räumen mit Blick nach Norden gut eingesetzt werden kann. Setzen Sie dazu Akzente in zartem Rosa, Purpur oder Lila, um den Farbton noch weicher zu machen. Kombinieren Sie Lavendel mit weißem Leinen und weißen Wänden und der Raum erhält einen sauberen, klaren Look.

Links *Blau-Weiß ist eine klassische Kombination. Hier aktualisiert mit Blaugrün- und Türkistönen, einem Vorhangstoff aus Organza mit Satinstreifen und einem groben, grauen, getufteten Teppich.*

Warme Farben

Warme Farben werden meist von erdigen Tönen gebildet. Mit diesen Farben sind Sie beim Dekorieren auf der sicheren Seite, denn sie geben einem Raum eine geschmackvolle warme Optik. Zu einer warmen Farbskala kann man sich von vielerlei inspirieren lassen. Beobachten Sie in der Natur die Gelb- und Rostbraunnuancen von Laub oder Holz. Selbst die dunkle Schokolade in Goldfolie auf einem cremefarbenen Porzellanteller oder eine Lebensmittelverpackung können den Impuls für eine Farbzusammenstellung geben. Betrachten Sie, in welchen Anteilen die Farben vorkommen, und übertragen Sie dies auf den Raum. Stimmen Sie schokoladenbraunen Samtbehang mit cremefarbenen Wänden und einem vergoldeten Stuhl aufeinander ab und das Interieur wird prächtig und opulent wirken.

Creme

Creme ist eine weiche satte Farbe und erstreckt sich von zarten Weiß- bis zu buttrigen Gelbtönungen. Creme wirkt im Interieur entspannter als Reinweiß. Ein in Creme gehaltener Raum wirkt sehr persönlich, wenn man Stoffe in unterschiedlichen Farbschattierungen, Stoffstärken und -arten mischt. Man kann grob vorgesponnene Wolle mit glatter Baumwolle oder Seide kontrastieren. Wirkungsvoll können auch Druckstoffe in der gleichen Farbe sein.

Zu Creme passen Naturmaterialien besonders gut. Kokosfaser, Korbgeflecht, Rattan sowie Böden und Möbel aus Holz bewirken ein leicht rustikales Ambiente, welches je nach Stoffart, die man für die textilen Wohnaccessoires benutzt, mehr oder weniger betont wird. Urbaner wird das Ambiente, wenn Sie einer ganz in Creme gehaltenen Einrichtung einen Touch von Schwarz hinzufügen: Eine schwarze Vorhangstange mit cremefarbenem Behang, ein Boden in schwarz- und cremefarbenem Karomuster, ein Lehnstuhl mit einem Streifen- oder Punktmuster in Schwarz und Creme fallen auf und vermitteln eine strukturierte und formalere Stimmung.

Oben *Die Verwendung cremefarbener, beiger und brauner Stoffe bewirkt in diesem Wohnraum eine entspannte und einladende Stimmung.*
Rechts *Lässig über eine Chaiselongue drapiertes Leinen in Naturbeige schafft eine etwas altmodische, doch intellektuelle Atmosphäre.*

Kaffee und Schokolade

Dies sind buchstäblich delikate Farben. Kombinieren Sie jede Nuance von hell bis dunkel mit Creme. Das Ergebnis ist ein elegantes, modernes Interieur. Beziehen Sie gekälkte Holzstühle mit Baumwollstoffen in Milchkaffee – das wirkt sehr raffiniert. Paspeln und Knöpfe auf der Rückseite eines festen Polsters bringen mehr Struktur ins Spiel. Beziehen Sie ein Kastensofa mit Leder oder kurzflorigem Samt in der Farbe der Bitterschokolade und legen Sie als Kontrast glänzende Kissen in blassem Mint darauf. Oder setzen Sie cremefarbene Strickkissen mit Zopfmuster ein, um der Szenerie eine gemütliche Note zu verleihen.

Kaffee- und Schokotöne passen in Inneneinrichtungen, die sich an der Natur orientieren. Sie bilden die ideale Umgebung für Details, wie Kissen mit Knöpfen aus Bein oder weiße Stickereien für die Couch. Einfassungen aus Raffiabast und cremefarbene Wolldecken sehen weniger verspielt aus, wenn sie mit einem Sessel oder Vorhang in blassem Cappuccino kombiniert werden. Wir haben es hier mit wahren Chamäleonfarben zu tun, die in eine Stadtwohnung ebenso gut wie in ein Landhaus passen.

Taupe

Wenn man Grau mit Braun mischt, erhält man Taupe oder Braungrau. Taupe ist eine feine neutrale Farbe und kommt in zahllosen Abstufungen vor.

Falls Sie einen Raum in Taupe gestalten wollen, sollten Sie sich zunächst die Stoffe in den gewünschten Farben besorgen und erst dann die Wand- und Bodenfarbe darauf abstimmen. Das ist einfacher, als umgekehrt vorzugehen, da eine Wandfarbe passend zum Stoff abgetönt und beliebig gemischt werden kann.

Mit Taupe lässt sich ein ultramodernes wie auch ein traditionelleres Interieur schaffen. Anregungen für den erfolgreichen Einsatz von Taupe können Sie sich bei der Designerin *Kelly Hoppen* holen, die dafür berühmt ist, Taupefarben einzusetzen.

Bei der Zusammenstellung von Taupefarben stellt die Struktur einen wichtigen Aspekt dar: Leinen, Schafwolle, Velours und Leder tragen dazu bei, einem Raum etwas Intellektuelles zu geben, und verhindern, dass er reizlos wirkt.

Terrakotta

Meist wird Terrakotta mit der Farbe unglasierter Bodenfliesen in Verbindung gebracht. Hellere Versionen dieser Farbe haben eine fast rosa-pfirsichfarbene Tönung, die zart und schmeichelhaft leuchtet. Verwenden Sie sie in einem dunklen Treppenhaus oder im Schlafraum für Wände und Fensterdekoration, denn diese Farbe verbreitet augenblicklich eine freundliche Atmosphäre.

Terrakotta ist die perfekte Farbe für Räume, die kühl wirken. Eine in Terrakotta bezogene Couch wirkt gut vor einer Wand, die in einem damit harmonierenden Farbton gestrichen ist. Schmücken Sie das Sofa mit ockerfarbenen Gobelinkissen, um einen Kontrast ins Spiel zu bringen. Soll es moderner aussehen, nehmen Sie creme- und lederfarbene Kissen und drapieren einen cremefarbenen Chenilleüberwurf über die Rückenlehne. Alle Gewebe mit Flor, wie Chenille, Wollmischungen, Tweed und Samt, passen zum Farbton Terrakotta und unterstreichen seine natürliche Wärme.

Gewürztöne

Denken Sie an Senfgelb, das Feuerrot der Paprika und das satte Braunorange von Koriander. Diese Farbpalette liegt zwischen der Feinheit von Beige und der Dunkelheit von Schokolade und kann intensiv und häufig gar exotisch wirken.

Gelbe und ockerfarbene Stoffe passen gut zu Rattan und zu dunklen Hölzern wie Teak. In Verbindung mit einem kleinen Teppich im Ethnostil und Tiermotiven denkt man gleich an eine Safari-Lodge. Falls Sie befürchten, dass das Bild zu dunkel wird, können Sie die Farbskala mit einem großzügigen Schuss Creme aufhellen. Über die Sitzmöbel stülpen Sie im Sommer cremefarbene Hussen. Im Winter nehmen Sie sie wieder ab, um den luxuriösen Velours oder das schöne alte Leder wieder zum Vorschein kommen zu lassen.

Links *Satte Brauntöne werden durch das cremefarbene Filzkissen und das moderne Kissen im Floraldesign von* Ann Louise Roswald *aufgehellt.*
Oben *Streifen in Gewürztönen auf einem cremefarbenen Überwurf lockern die schweren Farbtöne des Sofas in Terrakotta auf.*

Signalfarben

Signalfarben sind das mutige Ende des Farbspektrums. Man denke an Kaugummipink, Neon, saure Limone, elektrisches Blau, das Orange von Mandarinen und an flammendes Rot. Wenn diese kraftvollen Farben zusammen auftreten, bilden sie eine moderne und elektrisierende Farbpalette. Mit Signalfarben zu dekorieren, ist nicht schwierig; man muss sie beherzt verwenden. Schauen Sie sich nach einem inspirierenden Impuls um, vielleicht sind es die leuchtenden Filzstiftspitzen, ein Bonbonglas, das frische Grün eines Kleeblatts oder das unwirkliche Pink einer Gerbera. Wenn Sie eine Farbkombination entdecken, die Ihnen richtige erscheint, ermitteln Sie, zu welchen Teilen die Farben darin verwendet werden; halten Sie sich diese Mischung vor Augen, wenn Sie die Farbtöne in Ihrer Wohnung einsetzen.

Primärfarben

Primärfarben – Rot, Gelb und Blau – sind reine, d.h. ungemischte Farben, von denen alle anderen Farbtöne durch Mischen und Zugabe von Schwarz oder Weiß abgeleitet werden können. Rot und Gelb sind intensive Farben, die man am besten allein oder in Verbindung mit nur einer anderen Farbe einsetzt. Im Wohnzimmer können Sie rote Vorhänge mit einer roten Couch, weißen Wänden und rot-weiß gemusterten Stoffen für Kissen und Sessel kombinieren. Ein Touch Orange harmoniert damit gut, doch achten Sie darauf, jede andere Farbe vorsichtig zu dosieren, denn zu viele Farben können einen Raum unordentlich wirken lassen.

Primärfarben dominieren einen Raum und andere Farben verblassen, wenn die Balance nicht stimmt. Falls Sie andere farbige Muster- oder Unistoffe mit Rot, Gelb oder Blau mischen wollen, sollten Sie sich stets zuvor ein Stoffmuster besorgen und es in die Nähe der anderen Farben halten, bevor Sie eine Bestellung unterschreiben, was sich als teurer Fehler herausstellen könnte.

Hat eine Farbe einen hohen Schwarzanteil

Oben *Pink und Rot sind eine leuchtende und lebendige Kombination. Der Zusatz von Weiß trägt zur Harmonie und Hervorhebung des Musters bei.*
Rechts *Ein Samtsessel in frechem Rot wirkt in diesem monochromen Raum als flammender Mittelpunkt.*

und wird sie neben Rot, Gelb oder Blau platziert, so kann sie langweilig und leblos, sogar schmutzig wirken. Andererseits können Farbtöne mit einem hohen Weißanteil verschwimmen, wenn sie neben Primärfarben auftauchen und folglich fad aussehen.

Exotische Farben

Den Menschen in klimatisch heißeren Gegenden liegt es fast im Blut, starke, leuchtende Farben zu verwenden. Nehmen Sie sich die bunten Häuser in der Karibik, in Mexiko und am Mittelmeer als Beispiel. Innen so farbenfroh wie außen, bringen die Häuser dieser Regionen ein Gefühl von Freude und Ausgelassenheit zum Ausdruck.

Falls Sie unsicher sind bei der Verwendung leuchtender Farben, beschränken Sie sie auf einen bestimmten Bereich oder ein bestimmtes Objekt, das Sie vor einen weißen Hintergrund stellen. So erhalten Sie noch immer den intensiven Farbkick, werden aber nicht davon überrollt. Zunächst einmal können Sie versuchen, ein Sofa in elektrischem Blau zu beziehen und eine Kissensammlung in grellem Pink, gelblichem Pink der Papaya und in Anilingrün darauf zu verteilen. Alternativ können Sie sich an nur zwei grelle Farbtöne halten; ein türkisfarbenes Sofa vor eine leuchtend lilafarbene Wand gestellt, ist Statement genug und mehr würde nur stören.

Zitrusfarben

Die Farben von Zitrusfrüchten sind erfrischend und haben eine vitalisierende Wirkung. Benutzen Sie sie einzeln oder in Gruppen, um einen langweiligen Raum in Schwung zu bringen. Diese Farben sind zeitgemäß und passen zu klaren Linien, sie machen sich daher gut in einer modernen Küche.

Zitronengelb ist auch gut geeignet für ein Kinderzimmer. Dort können einige Farbspritzer in Orange und Limone zugegeben werden, damit die Farbzusammenstellung verspielter wird. Sie passt zu Jungen und Mädchen gleichermaßen und ermöglicht so eine völlige Abkehr von traditionellen Pastelltönen in Rosa und Blau. Sofern Sie für die Bettwäsche, die Fenster und den Stillsessel stark gemusterte Stoffe verwenden, sollten Sie die Wände in einer dezenten Farbe streichen. Ein großzügiger Schuss Weiß trägt dazu bei, dass das Design frisch und luftig bleibt.

Limone ist eine ungewöhnliche Farbe, die stets starke Reaktionen hervorruft. Entweder man mag sie oder nicht. Wie Sie auch dazu stehen mögen, Limone ist flexibel und muss nicht nur mit anderen Zitrusfarben kombiniert werden. Mithilfe von Limone kann man kräftiges Pink und verschiedene Blautöne abschwächen und auch dunklere Grüntöne heben. Eine traditionell gehaltene Einrichtung in düsteren Blautönen kann mit Stoffen in Limone ohne viel Aufwand modernisiert werden.

Farbe, die nicht verpflichtet

Mit Textilien kann man für eine sich ständig verändernde Farbskala sorgen. Statt eines Anstrichs kann man leuchtend farbige Stoffe an Wänden anbringen. Sie können einen bunten Streifenteppich an der Wand fixieren und jederzeit auf den Boden legen, wenn Ihnen nach Veränderung ist. Vorhangstangen mit Ringklammern bieten die Möglichkeit, Tücher nach Laune auszutauschen. Wenn Sie Stoffe so verwenden, können Sie Risiken eingehen, die bei festen Polstern oder Vorhängen problematisch wären. Kobaltblaue Hussen, beispielsweise kombiniert mit einem Überwurf in der Schockfarbe Pink und einer orangefarbenen Sofakissenkollektion, erfüllen einen Raum mit Mexikoflair. Und zum Abschwächen der Wirkung entfernen Sie einfach wieder ein oder zwei Gegenstände.

Die Kombination Terrakottawände und Stoffe in leuchtendem Pink hört sich zwar nicht gut an. Sie funktioniert jedoch, wenn Sie großzügig Blattpflanzen und Licht einbringen.

So unwahrscheinlich sich eine Farbkombination auch anhören mag, probieren Sie sie aus. Achten Sie aber darauf, dass die Farben den gleichen Farbton haben, damit die eine die andere nicht aussticht.

Ein ruhigerer Ansatz

Sofern Sie eine Farbskala vorziehen, die zwar mehr Elan hat als blasse Pastelltöne, aber weniger Intensität als Signalfarben, dann sollten Sie Stoffe mit einem hohen Weißanteil wählen, sodass ein Kreide-Effekt entsteht. Kalktöne lassen sich gut kombinieren oder als Hintergrund verwenden, um Türkis-, Limonen- und Gelbtöne zu betonen. So gleicht ein in kalkigem Lila gehaltenes Raffrollo das Muster eines Vorhangs in Frühlingsgrün und Purpur aus. Sorgen Sie mit großformatigen Karomustern, Blockstreifen und einem abstrakten Muster für eine moderne Atmosphäre.

Links *Die Kombination von Voilestoff mit Schnittvelours, Seide und grellen Farben verleiht diesem Raum in eine opulente und luxuriöse Wirkung.*

Muster kann man gezielt einsetzen, um Persönlichkeit in einen Raum zu bringen. Hierbei gilt: Schon weniges kann viel bewirken. Wie bei den Farben ist es auch hier wichtig, Muster auszuwählen, die die gleiche Abstufung oder Intensität haben, damit nicht eines dominiert. Winzige Blumenmuster passen zum Beispiel gut zu zarten Streifen, während ein kühnes üppig rankendes Dessin mit einem ebenso augenfälligen Karomuster oder geometrischen Muster schön zusammenspielt. Das bedeutet aber nicht, dass man Muster unterschiedlicher Größe nicht mischen kann. Man muss lediglich eine einheitliche Farbskala wählen, die alles zusammenhält. • Wenn Sie die Stoffe für einen Raum aussuchen, sollten Sie sich zuallererst die Oberflächenmuster der bereits vorhandenen Dinge genau anschauen, d.h. die Holzmaserungen, die Tapete, den Teppich oder das geometrische Muster eines Parkettbodens. Davon können Sie ausgehen, um sich bei der Wahl eines bestimmten Motivs leiten lassen. • Muster kann man einsetzen, um ein Objekt oder die Besonderheit eines Raumes zu betonen. Der auffällige Bezugsstoff eines Sessels macht ihn zum Mittelpunkt. Ist der Stoff jedoch zu gewagt und lebhaft, kann genau das, was hervorgehoben werden soll, darin untergehen. Ein etwas subtileres

Vorgehen könnte schon die Lösung des Problems sein. Muster kann man auch benutzen, um die augenscheinliche Größe eines Objektes zu beeinflussen. Ein großformatiges Muster auf einem kleinen Sessel lässt ihn optisch größer wirken. Waagerechte Streifen auf einem Sofa machen es breiter und senkrechte strecken es und lassen es höher und schmaler aussehen. Dieser Trick empfiehlt sich, wenn ein Möbelstück von der Größe her nicht zu den Raummaßen passt. • Achten Sie darauf, beim Messen den Musterrapport zu berücksichtigen. Der Rapport ist die Stelle, an der das Muster endet und wieder beginnt und sich regelmäßig wiederholt. Die Breite eines Rapports kann äußerst unterschiedlich sein; sie kann von einigen Zentimetern bis zur gesamten Stoffbreite variieren. Der Rapport läuft sowohl über die Breite als auch über die Länge des Stoffes, doch es ist das Längenmaß, das Sie bei Ihren Berechnungen berücksichtigen müssen. Wenn Sie einen gemusterten Stoff zum Beziehen nehmen, gilt: Je größer das Muster, desto teurer wird es. Weil an den Nähten die Mustermotive passend aneinander gefügt werden müssen, ist mit einem größeren Stoffverbrauch zu rechnen. Auch kann das Ausarbeiten kompliziert und zeitaufwändig werden.

Florale Dessins

Blumenmotive haben unsere Fantasie über die Jahrhunderte beflügelt. Im siebzehnten Jahrhundert lagen chinesische und indische Drucke im Trend. Später wurden maßgebende viktorianische Designer, wie *William Morris* und *Candace Wheeler*, für ihre rankenden Blumendessins bekannt. In jüngerer Zeit definierten Stoffe von *Laura Ashley* den klassischen englischen Country-Style, während Designer wie *Tricia Guild* einen modernen Ansatz mit verführerischer Farbpalette verfolgen. Mode hat immer eine wichtige Rolle bei Blumenmustern gespielt. Die hochstilisierten Motive des *Art déco* haben etwas verblüffend Zeitloses. Die niedlichen Drucke der 1950er-Jahre sind beständige Favoriten und die in den 1960er-Jahren aufgekommenen, verwegenen, grafischen Blumendrucke feiern heute ihr Comeback.

Oben *Moderne Interpretation eines traditionellen floralen Musters von* Timorous Beasties.

Rechts *Einzelmotiv einer Lotosblüte, einfach und dennoch zart, von* Designers Guild. *Die farblich kontrastierende Bordüre bringt Leben in das Design.*

Richtungsorientierte florale Dessins

Die Muster der meisten Blumenstoffe verlaufen in eine Richtung und haben ein deutlich erkennbares oberes und unteres Ende, sodass der Stoff nur in eine Richtung verarbeitet werden kann. Sie machen sich gut als Vorhangstoffe, doch auf einem Sofa oder Sessel ist ihre Wahl nicht immer glücklich.

Flächendeckende Drucke sind asymmetrisch, meist mit dichten Blumenmotiven ausgestattet und lassen kaum oder keine Grundfarbe zum Vorschein kommen. Sie gehören zu den vielseitigsten Stoffen, da sie kein oberes oder unteres Ende haben und sich an den Nähten leicht zusammensetzen lassen.

Ein in zwei Richtungen verlaufendes Muster kann in die eine oder andere Richtung gelegt werden. Einfacher ausgedrückt: Ein in zwei Richtungen verlaufendes Muster hat zum Beispiel Blumenstiele, die nach oben und nach unten zeigen, sodass es immer richtig zu liegen scheint, egal wie man es betrachtet.

Chintz

Das Wort »Chintz« ist abgeleitet von *chint* aus dem Hindi und bedeutet »bunt« oder »getüpfelt«. Chintzmuster stellen meist Streublümchen auf weißem Hintergrund dar. Was Chintz von anderen Stoffen unterscheidet, ist seine seidig glänzende Oberfläche, die Schmutz und Staub abweist. Die Ausrüstung aus Wachs, Stärke oder Harz wurde früher mit einer Muschel oder einem Stein aufgebracht; heute erfolgt dieser Prozess maschinell.

Auch heute noch ist Chintz ein häufig gebrauchtes Material für Polstermöbel, Vorhänge und Tagesdecken; seine Dessins wurden jedoch von Künstlerinnen wie *Cath Kidston*, die die Muster vereinfacht und eine modernere Farbpalette verwendet, neu interpretiert. Chintz hat viele Comebacks erlebt; in viktorianischer Zeit waren florale Muster größer und ausgeprägter als je zuvor, kleine Rosengrüppchen blühten voll auf und wurden dekorativer. Nähen Sie aus dieser Stoffart eine Kissenkollektion für ein Sofa mit einem losen, weißen Bezug, um den entspannten, schicken Look verblichener Eleganz zu erzielen.

Modernes Floraldessin

Mit Blumendekoren kommt Romantik auf. Beziehen Sie Struktur und Farbe mit ein: Ein luxuriöser Schnittvelours mit rankendem Blumenmuster in Schattierungen von Weinrot und Blassrosa für den Bezug eines modernen Sofas wirkt feminin. Fügen Sie aber gleichfarbige Streifen aus Seidentaft hinzu, damit die Komposition etwas maßgeschneiderter wirkt.

Großformatige, abstrakte florale Dessins sehen modern aus, doch achten Sie darauf, wie sie in Ihrem Raum wirken. Verzweigte Muster regen das Auge zum Umherschweifen an und Blumenstoffe mit sehr deutlichen waagerechten Blockstreifen wirken beruhigend und scheinen den Raum zu weiten. Wenn Ihnen die Entscheidung für einen solchen Stoff schwer fällt, spannen Sie eine Bahn davon auf einen Bilderrahmen. So erhalten Sie ein Paneel, das Sie aufhängen können. Falls Ihnen das Muster zu dominant erscheint, so wählen Sie weichere Farben.

Kombinationen floraler Dessins

Der Mix unterschiedlicher Muster kann einem Raum etwas Reizvolles und Tiefe geben. Bei einfarbigen Wänden und schlichtem Mobiliar bringen Blumenmuster Farbe und Wärme in den Raum. Florale Muster können Sie mischen und aufeinander abstimmen, solange sie hinsichtlich Farbe, Stil und Motiv miteinander verwandt sind.

Ob unterschiedliche Muster zusammenpassen, können Sie feststellen, indem Sie Musterproben miteinander vergleichen. Wählen Sie ein großformatiges Blumenmuster für den Stoff, der mengenmäßig am meisten Verwendung findet, und fügen Sie einen weiteren Stoff mit ähnlichen Blumenmotiven hinzu, die zwar kleiner sind, aber willkürlich auf einem gemusterten oder einfarbigen Grund in einer passenden Farbe verteilt sind.

Großformatige Drucke können als Vorhangstoffe eingesetzt werden, mittelgroße Drucke als Bezugsstoffe für einen Sessel oder eine Fußbank und kleinformatige Drucke für Kissen oder Tischwäsche. Vermeiden Sie aber, den Stoff für zu viele Dinge zu verwenden.

Links *Ausschnitt aus dem Kaleidoskop der Stoffe* Cath Kidstons; *diese floralen Muster sind zeitlos. Unterschiedliche Dessins passen gut zusammen, solange die Farbzusammenstellung als Verbindungsglied wirkt.*

Oben *Ein traditioneller Damast in Seidensamt dient als stilvolle Wandverkleidung.*

Geometrische Dessins

In Verbindung mit Stoff steht der Begriff »geometrisch« im Grunde für jedes Muster, das nur aus abstrakten Formen besteht oder aus einer Kombination dieser Formen. Sehen Sie sich genau um und werfen Sie auch einen Blick zurück in die Geschichte. Abstrakte Muster werden Sie überall entdecken – vom griechischen Bandmuster auf der Keramikscherbe bis hin zur Kreuzschraffierung auf einem Kanaldeckel. Viele zeitgenössische Interieurdesigner haben dem Muster abgeschworen; ihre Präferenz gilt ungemusterten Stoffen, die die klare Linie nicht stören. Mit abstrakten Mustern lassen sich indes klare Linien betonen. In rot-weißem Gittermuster gepolsterte Esszimmerstühle passen zum Stil der 1950er-Jahre und einem Schlafraum ganz in Weiß kann man mit einer Bettdecke mit Blockmuster das Gleichförmige nehmen.

Streifen und Karos

Streifenstoffe gehören zu den einfachsten und vielseitigsten Stoffen. Ein Streifen kann aus einer geraden Linie oder aus einer Reihe von in einer Linie angelegten Motiven bestehen. Hemdenstreifen, einfarbige Linien gleicher Breite sind einfach, aber formal, während Drillichstreifen eine entspanntere Stimmung verbreiten und gut für den Country-Look geeignet sind. Blockstreifen in Kombination mit schmalen Streifen können ausgesprochen elegant wirken, wenn damit ein traditioneller Ohrensessel in einfachen Grau- und Weißtönen bezogen wird. Wenn Sie Regenbogenfarben einsetzten, wirkt er mehr wie ein Liegestuhl. In diesen Farben können Sie den Sitzplatz in einer Fensternische beziehen oder Sitzkissen für die Bank eines Hauses am Meer.

Bunte Karos oder Schachbrettmuster, eine Weiterentwicklung des Streifenmusters, gibt es in vielen Variationen. Sie können eingeteilt werden in Gingham, Schachbrettmuster, Schottenkaro, Tweed und sogar Karoneuheiten, die nicht traditionell schottisch oder irisch sind. Gedruckte Plaids, die die farbigen Kett- und Schussfäden imitieren sollten, kamen als

Oben *Streifen erzeugen ein auffallendes Muster; setzen Sie Struktur- und Gewebearten in Kontrast zueinander, um ihre Wirkung zu intensivieren.*

Rechts *Einfache geometrische Motive in Taupe- und Blauschattierungen versetzen diesen Schlafraum in Retrostimmung.*

erschwinglichere Alternative zu gewebten Stoffen auf den Markt. Schottenkaros strahlen Wärme aus. Gut eignen sie sich für Überwürfe und Decken. Drapieren Sie sie über ein antikes gusseisernes Bettgestell oder legen Sie sie auf eine alte Couch, um in eine rustikale Wohnumgebung behagliche Elemente einzubringen.

Walisische Decken haben ein weniger kompliziertes Karomuster und weichere Farben. Hängen Sie eine walisische Decke mit Café-Clips an eine Metallstange als Vorhang in eine Türöffnung. Weniger rustikal wirken die Schottenkaros von Burberry – diese Karomuster auf beigem Grund sind der Inbegriff von Kühle. Verwenden Sie sie in Form von einfachen Vorhängen, locker verteilten Kissen oder als Bezugsstoff.

Der normalerweise für Bekleidung verwendete Tweed hat eine Knötchenstruktur und seine von Natur aus isolierenden und feuerbeständigen Eigenschaften machen ihn zum idealen Material für Vorhänge, wohingegen er, wegen seiner eher lockeren Struktur, als Bezugsstoff nicht geeignet ist. Traditionellerweise wird Tweed in erdigen Farbnuancen hergestellt und hat den Look von etwas Handgearbeitetem. Er passt gut zu Mobiliar, das bereits gewisse Gebrauchsspuren aufweist. Der ursprünglich ebenfalls für Bekleidung verwendete Gingham verbreitet den heimeligen Charme eines Country-Cottages. Verwenden sie Gingham in Kombination mit floralen Retromustern aus den 1930ern und 1950ern, um ihn attraktiver wirken zu lassen. Karos in Grün-Weiß oder Blau-Weiß bedienen mehr den skandinavischen Geschmack. Nähen Sie daraus Tischwäsche und Sets für die Küche.

Kreise und Punkte

Der Kreis, so das Buch *Textile Designs* von *Meller* und *Elffers*, ist die gebräuchlichste geometrische Form im Textildesign. Mit Punkten und Kreisen lassen sich zahlreiche Effekte erzielen. Konfettimuster sind überlappende Motive, die dem Stoff Tiefe geben. Da dieses Muster irritierend aussieht, begrenzt man es am besten auf kleinere Bereiche oder nimmt es als Hintergrund für Blumenmuster.

Das Punktmuster ist eines der schönsten Dessins. Es verbreitet Fröhlichkeit und Frische und kommt im Großformat am besten zur Geltung. Wählen Sie die klassische Kombination kleiner weißer Punkte auf blauem Grund als Bezugsstoff für einen 30er-Jahre-Sessel mit Armlehnen aus Holz oder als Vorhangstoff in einem Garderobenraum, um einen Retrolook zu erzeugen. Kunterbunte Punkte auf weißem Hintergrund wirken sehr gut im Kinderzimmer; stellen Sie daraus Sitzsäcke und Bodenkissen her.

Optische und große grafische Dessins

Sie bilden den flippigen Part unter den geometrischen Mustern. Optische Dessins sind auf Stoff übertragene Versionen der *Pop-Art*-Malereien von Künstlern wie *Bridget Riley*, obgleich die Stoffdessins lange vor den Malereien existierten.

Optische Designs sind meist eintönig in der Farbe, mit den bevorzugten Kombinationen Schwarz-Weiß und Rot-Weiß. Die Designs basieren häufig auf quadratischen Mustern oder Karomustern, die dem Anschein nach gestaucht und gestreckt wurden, bis sie gleichförmig verzerrt sind; so entsteht innerhalb des

Motivs häufig ein geschwungenes Element. Großflächig eingesetzt können solche Designs überwältigend sein. Doch auf kleinere Bereiche begrenzt, wie auf einen Rollvorhang in einem ansonsten gesichtslosen Duschraum sind sie ein Blickfang.

Das in den 1950er-Jahren gegründete finnische Textilhaus *Marimekko* gilt als Synonym für großformatige, grafische Dessins. Die Stoffe von *Marimekko* stellten – und stellen in der Tat auch heute noch – mutige, doch stark abstrahierende, großformatige Muster in kraftvollen Farben dar. Diese Stoffe sind auch heute noch ultramodern. Klassische Designs, wie der Schwanenstuhl, erscheinen weniger Ehrfurcht gebietend, wenn sie mit dem *Unikko*-Dessin bezogen werden (siehe Seite 144, mit diesem Stoff habe ich einen normalen Bürostuhl bezogen).

Links *Verzerrte Kreise in klassischen 70er-Jahre-Farben verleihen diesem Stoff etwas Psychedelisches.*
Oben *Ein klassisches Design aus den Archiven des Hauses* Marimekko *in monochromatischer, sehr augenfälliger Farbgebung.*

Bildhafte Dessins

Bildhafte Dessins stellen reale Dinge dar, wie Szenen eines Landidylls, Menschen, Tiere, ja selbst Musikinstrumente. Viele dieser Stoffdessins wirken kitschig und witzig. Häufig sind sie die Reaktion auf Ereignisse der jeweiligen Zeit. Während des Wirtschaftswachstums der 1950er-Jahre tauchten Bilder von Verpackungen und stilisierten Obst- und Gemüsemotiven auf Stoffen auf. In den 1960er-Jahren, als Amerika und die Sowjetunion um die Eroberung des Weltraums wetteiferten, kamen Designs heraus, die das Thema Weltraumflug aufgriffen. Wodurch auch immer diese Designs inspiriert wurden, sie sollten heiter sein und die Themen jeder Epoche reflektieren. Heute kommt bei solchen Stoffen Nostalgie auf. Versuchen Sie, moderne Interpretationen zu bekommen, die zu den heutigen Dekorationsformen passen.

Kitsch

Stoffe mit Bildern aus dem mittleren Westen der USA wirken heute kitschig. Diese einst für Kinder kreierten Stoffe waren inspiriert von Cowboyfilmen, Fernsehshows und Comics und nach dem Krieg sehr beliebt. Zu den typischen Designs zählten Landschaften mit Tannenbäumen, Planwagen, Blockhäuser und Kakteen. Weitere Motive waren Silhouetten von Westernreitern mit Cowboyhüten und Gewehren. Es gibt sie heute noch als Baumwolldrucke, die als fröhliche Druckstoffe fürs Kinderzimmer oder eine kleine Räumlichkeit, wie eine Garderobe, geeignet sind.

Vom Raumfahrtzeitalter inspirierte Designs der 1960er-Jahre fallen unter zwei verschiedene Kategorien. Die normalen Weltraum-Drucke stellen durch die Nacht düsende Raumschiffe und Astronauten dar, die geradewegs aus *Boy's Own Annual* entstiegen zu sein scheinen. Die mehr orbital inspirierten Designs von Planeten und Sternen sind abstrakter. Heute könnte man solche Designs als Fensterdeko über einem Teakholz-Sideboard aus den 60er-Jahren einsetzen und damit authentischen Retrolook ins Esszimmer zaubern.

Oben *Cowboys und Kakteen machen diesen Stoff von* Cath Kidston *kitschig und witzig.*

Rechts *Das Paneel im japanischen Stil mit dem einfachen Baummotiv verleiht dem Raum eine heitere und ruhige Atmosphäre. Design:* Timorous Beasties.

Tiere

Seit jeher wurden Tiermotive auf Stoffen verwendet. Bis zum Zweiten Weltkrieg wurden sie in Anlehnung an den damaligen Trend entweder niedlich und kuschelig dargestellt, in Jagdszenen oder als exotische Tiere.

Mit den technischen Fortschritten in der Herstellung synthetischen Pelzes haben Tierfelldrucke an Popularität gewonnen. Ein gemusterter Webpelz stellt in einem Raum ein dekadentes, taktiles Element dar. Ein Zebrafellimitat mit deutlicher Zeichnung der Schwarz-Weiß-Streifen macht sich gut in einer monochromen Farbzusammenstellung, während Schlangen- und Leopardendrucke Anklänge an Ursprüngliches in sich tragen, die für Räume in neutralen Farbtönen geeignet sind.

Vögel aller Art – reale ebenso wie Fantasiekreationen – wurden von alters her auf Stoffen dargestellt, wo sie Muster mit Blattwerk- und Astmotiven interessanter gestalten sollten. Selbst Insekten und Reptilien wurden auf Stoff gedruckt, doch wie es scheint, hatten sie nicht die gleiche Ausstrahlung wie Vögel oder Pferde. Anstelle eines floralen Designs kann dagegen ein einfaches, sich wiederholendes und mit Streifen und Karos in passenden Farbnuancen kombiniertes Schmetterlingsmotiv sehr gut aussehen.

Dschungelthemen und die Tropen

Bilder von wilden Tieren, exotischen Pflanzen und üppiger Vegetation, wie sie im Dschungel vorkommen, wurden wahrscheinlich von den Safaris und Jagdexpeditionen in viktorianischer Zeit inspiriert. Die Wiederauflage solcher Stoffe hat Versionen in schreienden, nicht harmonierenden Farben hervorgebracht, die die Entwicklung in der Herstellung synthetischer Farbstoffe widerspiegeln. Im Interieur bilden sie das Äquivalent zum Hawaiihemd. Sofern Sie Dschungelbilder aufhängen wollen, können Sie auch gleich ganze Arbeit leisten und sie in ihrer Wirkung mit Stoffen steigern, die Dschungelszenen, tropische Früchte und wilde Elefanten zeigen.

Die etwas weniger überladenen, dennoch sehr unruhigen Drucke von üppigem Blattwerk sind wegen des Comebacks des 60er-Jahre-Designs immer noch sehr gefragt. Falls Sie ein subtileres Dschungelthema kreieren möchten, wählen Sie für Ihre Farbskala die gedämpften Farbtöne Kaki und Beige. Nehmen Sie Stoffe, die mit dem Militär in Verbindung gebracht werden, und bringen Sie großformatige Tarndrucke, Tarnnetze und strapazierfähige Baumwollstoffe ein, die eher dem einundzwanzigsten Jahrhundert entsprechen.

Toile

Toile ist im Interieurdesign ein beständiges Muster und scheint nie an Beliebtheit zu verlieren. Ursprünglich bedeutet das Wort *toile* »Tuch« oder »Leinen«, doch seit Mitte des achtzehnten Jahrhunderts wird es mit unverwechselbaren Bildmustern in Verbindung gebracht, die auf einen einfarbigen Hintergrund gesetzte, bildhafte Szenen darstellen. Häufig wandte man diesen bedruckten Stoff als Wanddekoration an, doch heute nimmt man ihn vor allem für Vorhänge, Bezüge, Tagesdecken, Kissen und als Polsterstoff.

Inspiriert durch Stoffimporte aus Indien, begann eine Firma im französischen *Jouy-en-Josas* Stoffe mit bildhaften Szenen herzustellen, und der Stil wurde dann als *Toile de Jouy* bekannt. Zu den üblichen Themen zählen exotische Tiere, romantische Intermezzi, Musiker und Kinder, stets dargestellt in idyllischer ländlicher Umgebung.

Die beliebteste Farbgebung für *Toile de Jouy* sind zweifellos die sanften Rosa-Weiß- und Blau-Weiß-Versionen, doch auch andere Kombinationen, wie Grau, Hellgrün und Braun auf neutralem oder weißem Grund, sind möglich. Stimmen Sie Tapeten, Bettwäsche und Vorhang im gleichen Muster aufeinander ab, um einen unbestreitbar femininen und romantischen Look zu erzeugen, der dennoch vermeidet, überspannt zu wirken.

Links *Dieser großformatige Tulpendruck sorgt für einen warmen, fast tropischen Look.*
Oben *Durch diesen Stoff bekommen die klassischen Esszimmerstühle eine verblüffende Wirkung, das Design stammt von* Abigail Lane.

Die Struktur spielt bei der Wahl eines Stoffes eine eine ebenso wichtige Rolle wie seine Farbe, Stärke und Haltbarkeit, denn die Art, wie sich ein Material anfühlt, kann unterschiedliche Empfindungen hervorrufen. Leinenlaken sind zum Beispiel kühl und glatt, während eine Mohairdecke warm und behaglich ist. Der Zweck, dem ein Raum dient, wird Ihnen bei der Entscheidung behilflich sein, welche Textur sich für ihn am besten eignet. Das Schlafzimmer ist der ideale Raum, um sich mit Stoffen zu umgeben, die man braucht, um sich zurückziehen und einkuscheln zu können. Ein zottiges Schaffell unter den Füßen, eine weiche Kaschmirdecke, feine Musselinvorhänge, die das Licht brechen, und schwerere Samtvorhänge, die es erst gar nicht in den Raum dringen lassen, sind die ideale Kombination, um Behaglichkeit und Wärme zu schaffen. Zur Auswahl stehen viele strukturierte Stoffe. Mit Strick- und Webstoffen aus Wolle lässt sich eine rustikale und ungezwungene Atmosphäre schaffen. Zudem haben sie den Vorteil, im Winter warm und im Sommer kühl zu sein. Die Dicke eines gestrickten oder gewebten Stoffes macht den Unterschied aus. Eine grob gestrickte Wolldecke hat eher den Charakter des Heimeligen und Selbstgemachten als ein fein gewebtes, schön fließendes Wolltuch, aus dem man maßgeschneiderte Bodenkissen fertigen kann. Die beste Möglichkeit, die Struktur eines Stoffes zur Geltung kommen zu lassen, besteht darin, Kontraste zu erzeugen. Kombinieren Sie schwere Baumwollbetttücher mit Kissenbezügen aus Satin oder legen Sie Velourskissen auf ein Ledersofa. Bedruckte und bestickte Stoffe sind von der Oberfläche her deutlicher gemustert und dekorativer. Gummierte Pigmente, wie *Expantex*, die sich aufblähen und eine reliefartige Oberfläche erzeugen, sind seltsam unwiderstehlich. Stickerei, eine der ältesten Methoden zum Verzieren, kann so einfach oder kompliziert sein, wie Sie wollen. Ein mit cremefarbenem Seidenfaden auf ein Leinenkissen gesticktes Monogramm ist ein einfacher Blickfang auf einem Sessel. Alternativ gibt eine am Fenster drapierte, bestickte, mit Pailletten benähte Sari-Stoffbahn dem Raum unmittelbar eine exotische Note. Technologische Entwicklungen haben zu einer Explosion der Vielfalt an erhältlichen Stoffen geführt: Stoffe mit geschorenem Flor, Mikrofasern, die stark und ultraweich sind, Kunststoffe, Gummi und selbst fein gewebtes Kupfer bieten uns eine nahezu verwirrende Menge von samtweichen, schmeichelnden Materialien, die unsere Sinne herausfordern.

Gewebe und Gestricke

Die Technik des Webens ist ein altes wirtschaftlich bedeutendes Handwerk. Die große Nachfrage nach textilen Stoffen führte zur Mechanisierung des Webens, die der Anstoß für die industrielle Revolution war. Strickstoffe haben eine weniger prägnante industrielle Geschichte als die Gewebe und werden mehr mit Handwerk und Bekleidung assoziiert. Von Natur aus eignen sich gestrickte Stoffe als Bezugs- oder Vorhangstoffe nicht, doch gelten sie wegen ihrer Oberfläche als eine gute Alternative, wenn Struktur in den Wohnbereich gebracht werden soll. Gewebe und Gestricke sind eng verbunden mit den natürlichen Fasern der Wolle, Baumwolle und sogar der Seide, doch wenn Sie flexiblere Stoffe suchen oder solche mit verblüffenden Oberflächen, sollten Sie sich für weniger konventionelle, synthetische Fasern entscheiden.

Oben *Gestrickte Kissenhüllen und Überwürfe bestechen durch ihre schmeichelnde Haptik.*
Rechts *Samtdamast ist stark strukturiert und sehr dekorativ – ideal geeignet für Stilmöbel.*

Gewebe

Beim Weben erhält man strapazierfähige Stoffe, die universell verwendbar sind – vom Vorhang- und Bezugsstoff bis zum Teppich und zur Bettwäsche. Ein gewebter Stoff besteht aus längs verlaufenden Kettfäden und quer dazu verlaufenden Schussfäden, die horizontal eingeschossen werden. Weben kann man praktisch mit jedem Garn und ebenso steht eine enorme Zahl von Oberflächenausrüstungen zur Auswahl.

Tapisserie wird als traditioneller Webstoff betrachtet. Zwar bringt man sie meist mit Wolle in Verbindung, doch können für ihre Herstellung auch Baumwolle, Seide und Synthetikfasern eingesetzt werden. Die *Aubusson-* und Gobelinmanufakturen in Frankreich gehören zu den bekanntesten Tapisserieherstellern. Für die vornehmen Häuser Europas schufen Sie Wandbehänge von erheblicher Größe. Häufig wurden Motive gezeigt, die der Pflanzenwelt und der Architektur nachempfunden sind. Sie sind mit unterschiedlich gefärbten Garnen gewebt und erzeugen ein erhabenes Muster. Heute werden viele Tapisseriestoffe auf dem Jacquardwebstuhl gewebt; sie machen sich gut auf Stilsesseln und -sitzbänken. Wenn Sie sich einen Rest eines antiken Tapisseriestoffs besorgen, können Sie daraus ein sehr dekoratives Kissen nähen. Stellen sie gewagte Stoffkombinationen zusammen und machen Sie sich nichts daraus, wenn die Stoffe stellenweise verschlissen sind – das weckt den Eindruck von Stil und Authentizität.

Seidengewebe ist ein vielseitiges Material, angefangen von weich schimmerndem Satin bis hin zur knötchenartigen Rohseide in zweifarbigen Petrolschattierungen und der Weichheit von Seidensamt. Seide wird auf einem Exzenterwebstuhl, einem Webstuhl mit Schaftmaschine oder einem Jacquardwebstuhl gewebt. Auf einem Exzenterwebstuhl stellt man Flachgewebe her; auf einem Webstuhl mit Schaftmaschine hingegen können die Gewebe mehr strukturiert und gemustert werden, wie etwa die Kreppgewebe. Der Jacquardwebstuhl wird für Stoffe mit komplizierteren Dessins eingesetzt, wie Damast und Brokat.

Seide kann in natürlichem Zustand als grober, doch zarter Bezugsstoff verwendet werden. Zarter, fließender Chiffon oder steiferes Organza in Bahnen an ein Fenster gehängt, machen das Licht diffus und schaffen Privatsphäre. Einen Paravent für das Schlafzimmer oder einen Lampenschirm kann man mit reich bestickter, leicht lichtdurchlässiger Seide bespannen. Seidene Tagesdecken und Satinbetttücher vermitteln den ultimativen Wohlfühlfaktor des Luxuriösen.

Strick

Neben der als Strickgarn am häufigsten verwendeten Schafwolle gibt es weitere Alternativen. In den letzten Jahren kam Alpaka in Mode, obwohl es nur in wenigen Naturfarben erhältlich ist, weil es im Gegensatz zur Schafwolle nicht anfärbbar ist. In der Inneneinrichtung wird Alpaka zu Decken und Kissen verarbeitet. Große Alpakadecken mit dezentem Streifenmuster in Rehbraun- und Dunkelbrauntönen geben einen ausgezeichnet vor Kälte schützenden Vorhang ab. Bleiben Sie im Stil aber rustikal und verwenden Sie kein Faltenband, um sie etwa zu rüschen. Hängen Sie sie stattdessen mit einfachen Befestigungsbändern oder Clips an eine Vorhangstange.

Kaschmir ist ein luxuriöses Garn, das für seine weiche Qualität bekannt ist und aus dem Unterhaar der Kaschmirziege ausgekämmt wird. Es fällt wunderschön und ist eine gute Wahl für eine wärmende Bett- oder Sofadecke zum Einkuscheln. Angora stammt vom gleichnamigen Kaninchen und wird wie Kaschmir aus den Tierhaaren ausgekämmt. Angora ist ein flaumiges und weiches Garn, das am besten als Mischung mit anderen Fasern verwendet wird. Gestricktes Mohair ist der Angorawolle an der Oberfläche sehr ähnlich. Solche Garne können zu Überwurfdecken und Kissen verstrickt wunderschön aussehen. Ihre flauschigen Konturen tragen dazu bei, dass ein minimalistisch ausgestatteter Raum weicher wirkt.

Im Sommer können Sie aus Baumwolle oder Leinen gestrickte Kissen und Decken verwenden. Beide Garne sind nicht so weich und haben mehr Struktur als etwa Lambswool und bewirken eher eine formelle, coole Stimmung. Berücksichtigen Sie auch die Strickart: Ein locker gestricktes, besonders dickes Lambswoolkissen hat eine grobe Struktur, die gut zu einer alten Couch mit losem Bezug passt. Zusätzliche Wärme bringen Sie mit einem frechen Rot oder Naturcreme ein. Alternativ passt ein fest gestricktes Kissen mit deutlichem Rippenmuster in Blassgrau in ein eher architektonisches Umfeld und bringt zusätzlich eine interessante Struktur in einen Raum.

Orientieren Sie sich an Kleidung; traditionelle Strickmuster, wie das *Fair-Isle*-Muster, sehen im Großformat auf Decken toll aus.

Links *Lassen Sie sich auf sensorischen Überfluss ein und umgeben Sie sich mit den weichen, flauschigen Strukturen von Mohair, Schafwolle und getufteter Wolle.*

Bedruckt und bestickt

Seit dem Zweiten Weltkrieg sind Drucke die im Interieur am häufigsten verwendeten Heimtextilien gewesen. In den 1920er-Jahren waren Drucke beliebt, die wie Tweed, schottische Plaids und andere Gewebe aussahen, und man ahmte sogar die Struktur, die Weboptik, lockere Fasern und Knötchen des Tuchs nach, um ein wahrhaftiges Trompe-l'œil zu erzeugen.

Mit der Mechanisierung des Siebdruckverfahrens in den 1950er-Jahren wurde die Produktion von Druckstoffen kostengünstiger als die der Gewebe. Die Hersteller konnten auf Designtrends schneller reagieren und umfangreichere Kollektionen herausbringen. Das Textildesign distanzierte sich von floralen Dessins und reflektierte die Bewegung in der modernen Kunst.

Oben *Dieses richtungsorientierte Dessin mit traditionellen Motiven in neutralen Farbnuancen steigert den Reiz dieser einfachen Sofaform.*
Rechts *Bringen Sie mit bestickten Kissen und glänzenden Satinstoffen Pracht und Dekor in Ihr Schlafzimmer.*

Drucke

Seit den 1980er-Jahren ist das Textildesign von Techniken inspiriert worden, die sich aus dem Handwerk entwickelt haben, wie die Smok-, Plissier- und Rüschtechnik der japanischen Reservefärbungen. Auch die dem Stoff innewohnenden Eigenschaften stellten eine Inspirationsquelle dar. In den 1980er-Jahren wurden Designer, wie *Nigel Atkinson*, für ihre Siebdrucktechniken berühmt. *Atkinson* experimentierte mit industriellen Herstellungsmethoden und erfand eine Technik, bei der gummierte Pigmente auf Tuch gedruckt werden, die es dehnen, ziehen und verzerren und so eine stark strukturierte Oberfläche erzeugen. Sein Design *Seeanemone* stellt spiralförmige Formen dar, die in einen faltigen Seidengrund geätzt sind, während *Edelweiß Smocking* den Effekt traditioneller Smoktechnik ohne jeden Nadelstich neu erfindet.

Das Ausbrennen ist ein Druckverfahren, bei dem Chemikalien partiell auf ein Mischgewebe gedruckt werden, das dann hoch erhitzt wird. Mittels der Hitze wird der Druckbereich ausgebrannt und hinterlässt transparente Stoffflächen. Ausbrennersamt vermittelt ein sinnliches Gefühl und hat ein gutes Fallvermögen. Die Herstellung von Ausbrennern ist nicht gerade kostengünstig. *Neisha Crosland* erzielt mit Ausbrennern brillante Effekte für Mode- und Heimtextilien (siehe Seite 71).

Am besten bringt man Struktur zur Geltung, wenn man Gegensätze erzeugt. Naturfasern, die mit Licht reflektierenden, blanken, plastifizierten oder metallischen Pigmenten bedruckt sind, wirken attraktiv. Wenn Sie Drucke einsetzen, die dieselbe Farbe haben wie ihr Grundstoff, so wird der Look auf subtile Weise raffiniert, ohne dabei ins Auge zu springen. Drucke, die Tierhäute, wie die der Eidechse oder Schlange, imitieren, weisen eine erhabene Musteroberfläche auf, die gut in Räume mit Naturfarben passt. Ergänzen Sie sie durch lederfarbene Sisalteppiche und Wildleder- oder Chenillepolster. Großflächige Strukturen erzielen Sie mit gedrucktem Flocksamt als Vorhang. Lassen Sie die Vorhänge auf den Boden aufstauchen und fassen Sie die unteren Ränder mit gerüschter Seide ein.

Stickereien

Schon im Mittelalter war das Sticken in Europa ein beliebtes Handwerk. Gestickt wurde in begüterten wie in einfachen Häusern, um Stoffe für Bettdecken, Wandbehänge, Vorhänge und Bett- und Tischwäsche zu schmücken. Weltweit haben Länder ihre eigenen charakteristischen Stickmuster herausgebildet. In Indien zum Beispiel basierte die Wirtschaft ganzer Dörfer auf der Stickkunst.

Stickereien benutzt man auch heute noch, um bedeutsame Ereignisse festzuhalten, religiösen und spirituellen Glauben auszudrücken, Geschichten zu erzählen, einen gesellschaftlichen Rang zu demonstrieren und um die Natur zu preisen. Die Grundstiche sind mehr oder weniger unverändert geblieben. Ob Sie eine Überwurfdecke mit Langettenstich einfassen oder eine Serviette mit einem Kreuzstichmuster verzieren – die Technik, die Sie anwenden, ist dieselbe wie vor Hunderten von Jahren.

Der absolute Luxus in der Stickerei ist die vollendete Goldarbeit, die man auf den Textilien vornehmer, wichtiger Häuser fand. Handwerkliches Sticken hat den Touch des Volkstümlichen und wird mehr mit den nordamerikanischen Quilts und mit skandinavischer Leinenstickerei in Verbindung gebracht. Diese unterschiedlichen Dekorarten können eingesetzt werden, um einem Raum eine klare Handschrift zu verleihen.

Ein Country-Cottage ist der perfekte Ort, um altes Linnen wieder neu zur Geltung zu bringen. Mit Monogramm verzierte, weiße Leinenlaken eignen sich, um ein mit floralem Damaststoff bezogenes *Bateau*-Bett herauszuputzen. Weiße Baumwoll- und Leinenstoffe mit Hohlsaumstickerei sehen auf dem Nachttisch toll aus. Einen Ethnolook erzeugen Sie, indem Sie Stoffe hinzunehmen, die mit naiven und farbigen Motiven bestickt sind, wie man sie in Osteuropa findet. Abstrakte Blumenmuster und farbige Zickzackstreifen beleben eine Küche oder einen Sitzplatz, wenn man sie auf Kissen, Vorhängen oder einem Schabrackenbrett einsetzt (ein ausgezackter Querbehang, der über dem Fenster oder Türeingang an einem Brett hängt).

Mit Blumen im Chinoiseriestil bestickte Seide sieht kostbar aus. Vielleicht wollen Sie solch reich verzierte Stoffe in einem ungewöhnlichen Umfeld verwenden: etwa weiche, seidige Stoffe im Bad? Hängen Sie einen bestickten Stoff an einer Halbrundstange über eine frei stehende Badewanne mit gewölbtem Rand. In diesem Ensemble erhalten Sie einen modernen Look, wenn Sie das Ganze mit flotten Boden- und Wandfliesen auslegen – Kalkstein, wenn es heller sein soll, und Schiefer, falls Sie es dunkler lieben.

Links *Dieser farbenprächtige, strukturierte Stoff wurde in Indien von Hand bestickt. Design:* Megan Park.

Moderne Strukturen

Die heutige Herausforderung im Stoffdesign liegt nicht so sehr in der Kreation neuer Gewebe, sondern vielmehr in der Kreation nicht gewebter Stoffe aus ultrafeinen Fasern, sodass das Ergebnis eher ein Mikrofaser-Fleece ist als ein traditionelles Tuch. Textilien aus Kunstfasern wie Reyon, Viskose oder Azetat und Naturfasern wie Zellulose werden wegen ihrer Festigkeit, Feuchtigkeits- und Hitzebeständigkeit hoch geschätzt. Zudem sind sie vielseitig und können mit Druck und Hitze thermofixiert werden, d.h., sie nehmen unter Hitzeeinwirkung eine bestimmte Form oder Oberflächenstruktur an – sei sie gerippt, geknittert, genoppt oder gar plissiert. Synthetische Fasern können gesponnen und zu ungewöhnlichen Oberflächenstrukturen geformt werden, die mit Naturfasern einfach nicht möglich sind.

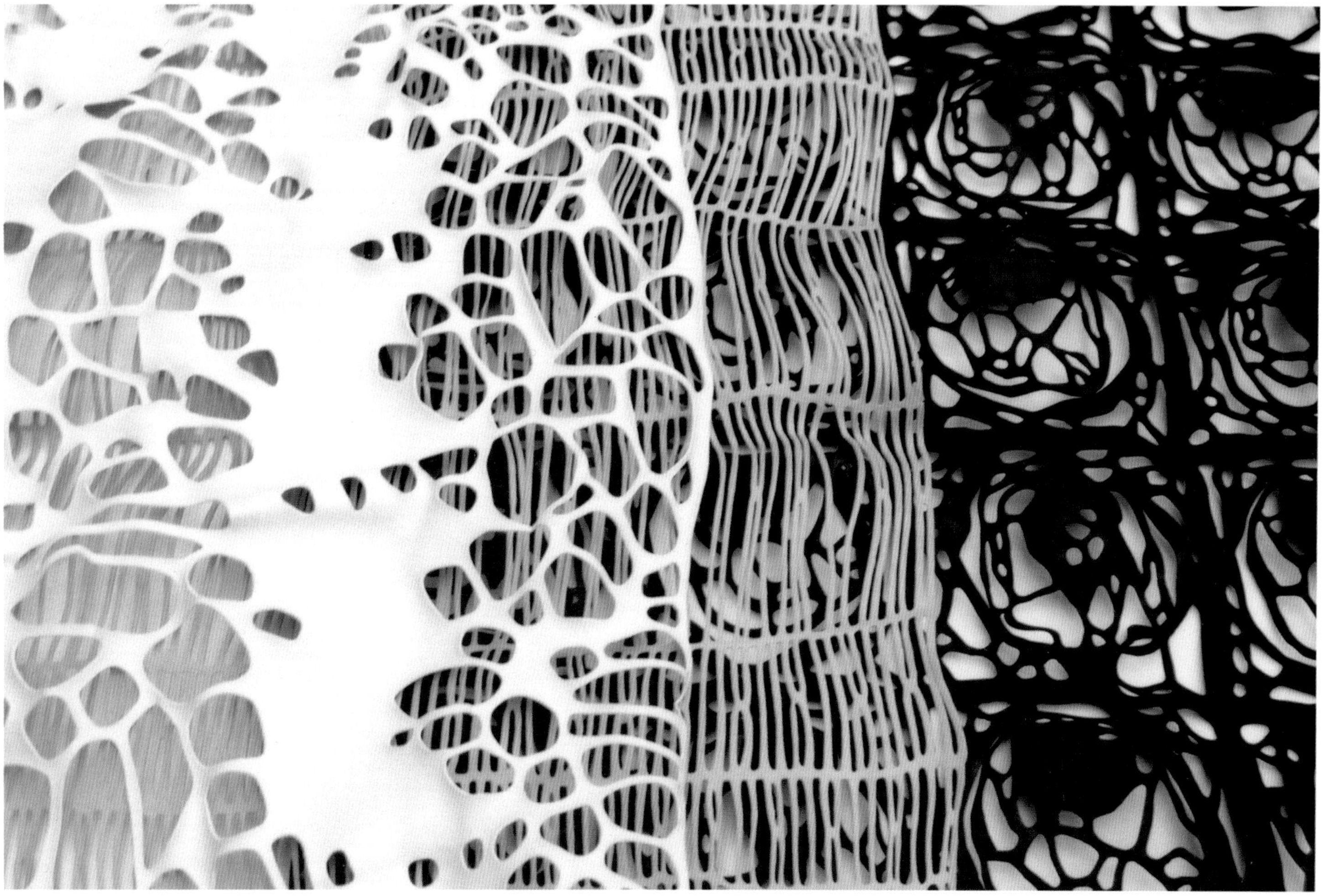

Oben Lauren Moriarty *schneidet Neopren von Hand mit einem Laser aus und kreiert moderne Spitzenstoffe.*
Rechts *Die im Wellenmuster aufgenähten Filzstreifen verleihen diesen Bodenkissen von* Anne Kyyrö Quinn *eine interessante Dimension.*

Synthetik

Synthetik ist wegen seiner Fähigkeit, Naturstoffe nachzuahmen, beliebt und wird auch oft Naturfasern beigemischt, um diese haltbarer und geschmeidig zu machen. Mit den ersten Synthetikstoffen wollte man Seide imitieren. Der bekannteste von ihnen ist Nylon, das in großem Maße benutzt wurde, um satin- und taftartige Gewebe zu kreieren. Die Entwicklung elastischer Materialien, wie *Lycra* und *Spandex*, brachte mehr Flexibilität für das Beziehen von Polstermöbeln; Metallgarne lassen sich in feines Tuchgarn einspinnen, um einen gazeartigen Eindruck zu vermitteln.

Bestimmte Designer und Hersteller bildeten die Avantgarde der technologischen Revolution im Bereich der Heimtextilien. Insbesondere die Designs von *Ulf Moritz* verlangten Synthetikgarnen ihr Äußerstes ab. Er schuf einige der leichtesten Stoffe mit inspirierenden Strukturen, Mustern und durchbrochenem Gewebe. Struktur ist in seiner Arbeit ein Schlüsselelement, mit dem er ungewöhnliche Ergebnisse erzielt. Er verwebt zum Beispiel Azetat und Metall und schafft damit ein fast transparentes Material mit leicht geknitterter Oberfläche. Andere Stoffe, die sich seidig anfühlen, reagieren auf die Lichtverhältnisse und werden am Abend lebendig und glitzern irisierend.

Scheuen Sie sich nicht, Synthetikgewebe zu verwenden. Ein locker gewebtes Metall-Polyester-Gemisch mit einem offenen Netzmuster kann an Fenstern verwendet werden. Seine Struktur ist widersprüchlich, denn gleichzeitig ist es weich und doch steif. Strukturierte Stoffe, die zur Erzeugung eines gefurchten Oberflächenmusters wärmebehandelt wurden, sind in einem Raum mit abgestuften Farbtönen eine gute Alternative zu glatten Stoffen.

Synthetikfasern können auch zu einem getufteten Flor oder Schlingenflor verarbeitet werden, der eine strapazierfähige Alternative zu Polsterbezügen aus Leder, Wolle und Veloursleder ist. Die Möglichkeiten sind endlos und Gleiches gilt für die Stilrichtungen. Es gibt Synthetik in modernen abstrakten Designs, mit traditionellen Damastmustern und als luxuriösen blumengemusterten, geschorenen Samt aus Viskose oder Polyester, der so aussieht und sich so anfühlt wie der echte.

Neben prominenten multinationalen Herstellern gibt es immer mehr handwerklich orientierte Designer, die sich auf alte handwerkliche Traditionen zurückbesinnen oder ungewöhnliche Materialien verwenden, um neue synthetische Textilien zu kreieren. Die Textildesignerin *Lauren Moriarty* wurde von der traditionellen Spitzenfertigung inspiriert, wollte ihrer Arbeit jedoch eine mehr industriell orientierte Richtung geben. Sie begann mit Gummi zu arbeiten und kreierte ineinander verschlungene, geometrisch gemusterte Paneele, die leicht und luftig sind. Sie liebt den haptischen Aspekt von Gummi und die Tatsache, dass es sich hier um ein für Wohnaccessoires ungewöhnliches Material handelt. In kraftvollen Pink- und Gelbtönen sowie reinem Weiß macht sie aus den Paneelen Kissen, Lampen und Würfel.

Filz ist ein seit Jahrhunderten verwendeter Stoff. Er vermittelt den Eindruck von Dauerhaftigkeit und ist taktil, weich und behaglich. *Hive*, eine Londoner Designgruppe, die auf Interieurdesign, Möbel, Leuchten und Accessoires spezialisiert ist, nimmt sich alltägliche Materialien vor wie Filz oder Gebrauchsgegenstände wie einen Eimer, konzipiert und entwirft ihn neu und schafft dabei einen starken Kontrast zwischen Altem und Neuem. Ihr Teppich *Cityscape* ist ein Filzvorleger, der die Kontur einer Stadt erhielt und zum dreidimensionalen Stadtplan wurde; mit dem Effekt, dass ein traditioneller Stoff auf ein sehr modernes Konzept übertragen wird. Ihr Sessel *Orbit* ist ein Holzsessel, dessen Sitzfläche und Rückenlehne mit Filzkügelchen belegt sind, also die Teile, die mit dem Körper in Berührung kommen.

Die *Hive*-Designgruppe steht mit ihrer Aufgeschlossenheit gegenüber den Qualitäten der Filztextur nicht alleine da. Die finnische Designerin *Anne Kyyrö Quinn* kreiert dreidimensionale Kissen und Leuchten aus Filz, die unglaublich haptisch sind (siehe Seite 76).

Diese sehr moderne Annäherung an Textilien ist spannend und lässt sich leicht in unseren eigenen vier Wänden umsetzten. Lassen Sie sich nicht von ungewöhnlichen Materialien wie Gummi einschüchtern. In einem Raum mit klarem Design und spärlicher Möblierung kann mit einem lasergeschnittenen Gummikissen in Pink ein kühner Akzent gesetzt werden. Die vertrauten Eigenschaften von Filz können der Weite eines Holzbodens das Puristische nehmen. Stöbern Sie nach weiteren ungewöhnlichen Materialien. *Ting*, ein anderes Textildesign-Unternehmen aus London, stellt Kissen aus Sicherheitsgurten her, die sich weich anfühlen und in ein grobes Gewebe eingearbeitet werden. Sie sind so modern, praktisch und schick, dass man dazu verleitet wird, gleich zwei zu kaufen.

Links *Filz ist ein natürlich warmes Material, hier von* Anne Kyyrö Quinn *benutzt, um ultramoderne Kissen zu kreieren.*

SINGE

Designerporträts

Oben *Diese klassischen australischen Gartenstühle mit Stahlrohrbeinen im Stil der 1960er-Jahre wurden mit einem der charakteristischen geometrischen Stoffe von* Eley Kishimoto *bezogen. Das Muster* Chains *stammt aus der Herbst/Winter-Kollektion 2002/3 »Primary Course« und ist typisch für die üppigen, vom Retrolook angehauchten Designs des Künstlerehepaars.*

Designer-Tipps

Experimentieren Sie mit frechen, fröhlichen Stoffen, die ein wenig retromäßig oder kitschig wirken.

Bespannen Sie eine große Leinwand mit Ihrem Lieblingsstoff und lehnen Sie sie als unkomplizierte und mobile Innendekoration lässig an die Wand.

Tapezieren Sie eine Wand mit einer kräftig gemusterten Tapete und nehmen Sie das gleiche Muster, aber in einer anderen Größe, für Sitzmöbel und Vorhang.

Stellen Sie Möbel dazu, deren Form dem Stil der 1960er- und 1970er-Jahre entspricht.

Hängen Sie ein aus dem Polsterstoff gefertigtes Kleidungsstück als lässige Dekoration an die Wand oder tragen Sie es und verschmelzen Sie mit Ihrem Möbelstück!

Holen Sie sich Designs in den Raum, die Sie mögen und mit denen Sie sich identifizieren können, dann trägt Ihre Wohnung auch garantiert Ihre eigene Handschrift.

Eley Kishimoto

Mark Eley und Wakako Kishimoto, das walisisch-japanische Ehepaar, das sich hinter dem Namen *Eley Kishimoto* verbirgt, gründeten ihr Unternehmen im Jahre 1992 – damals mit nur einem Zeichentisch und einem Webstuhl ausgestattet. »In den frühen Anfängen bearbeiteten wir die unterschiedlichsten Projekte, dazu zählten ebenso die Theater- und Fensterdekoration wie die Beratertätigkeit in Japan. Von Anfang an herrschte Vielfalt; es galt, jeden Auftrag anzunehmen, der das Geschäft am Laufen hielt, von der Lehrtätigkeit bis zur freiberuflichen Textilarbeit«, erklärt Mark Eley.

Das Paar ist berühmt für seine flippigen Drucke, die sich durch ihre Kleiderkollektionen, Accessoires und Einrichtungslinien ziehen. »Von Anfang an arbeiteten wir mehr über die direkte Manipulation am Stoff und über die Technik und weniger auf dem Papier«, so der Künstler. Für ihre Designs interessierten sich bald Leute wie Alexander McQueen und Jil Sander, was ihnen internationale Anerkennung einbrachte. Nachdem sie begonnen hatten, für die großen Namen zu arbeiten, wuchsen die Aufträge an und sie konnten ihr eigenes Label *Eley Kishimoto* herausbringen.

Das Paar räumt ein, dass seine Designs nicht nur durch die visuelle Wahrnehmung eines bestimmten Dinges ausgelöst werden, sondern ihren persönlichen Wahrnehmungen »bei einem Besuch im Café oder bei den Schwiegermüttern entstammen«. Nach Eleys Aussage entstehen die Designs beim »Verarbeiten der Informationen, die wir dort aufnehmen, wo wir gerade sind, und die sich auf etwas beziehen, was für unsere persönlichen Ideen gerade neu und aktuell ist«. Er betont, dass die Art und Weise, in der der Mensch auf ein Muster reagiert, »davon abhängt, was er persönlich mit Muster und Farbe assoziiert«.

Bei der Entwicklung von Einrichtungsstücken konnte das Paar mit dem Design-Unternehmen *Typical* zusammenarbeiten. Sie bezogen *Hobnob*-Stühle (siehe gegenüberliegende Seite), australische Gartenstühle mit Stahlrohrbeinen im 60er-Jahre-Stil mit unterschiedlichsten Stoffen, darunter auch mit ihren *Wallflower*- und *Brocade*-Designs. Mit Bekleidung, Schuhen und Reisetaschen im passenden Dessin lassen sich ihre dynamischen Muster in jeden Lebensbereich transportieren. Weitere Arbeiten sind ein mit einem zitronengelben Seildruck bezogenes Modulbau-Sofa im 70er-Jahre-Stil, ihre *Landscape*-Tapete und die gemusterten Becher.

Einige ihrer Produkte stehen bei ihnen zu Hause: Die Wohnzimmerwand und 50er-Jahre-Möbel wurden für eine Aufnahme in einem japanischen Magazin mit ihrem *Flash*-Druck bespannt, obwohl Mark Eley betont, dass sie »nicht in einem Ausstellungsraum leben, sondern in einem Familienwohnhaus, einem Durcheinander«.

Ihr Kundenkreis reicht von »modebewussten jungen Japanerinnen bis zu russischen Damen mittleren Alters, die ein Faible für den handwerklichen Aspekt unserer Arbeit haben«. Alle ihre Produkte kann man kaufen. »Ich sehe keinen Sinn darin, einen Artikel zu produzieren, der zwar in einem Magazin zu sehen ist, den aber niemand kaufen kann. Das ist zwecklos und unverschämt.«

Cath Kidston

Bevor sie 1995 ihr erstes Geschäft eröffnete, arbeitete Cath Kidston als Innenarchitektin und stellte bald fest, dass sie sich weit mehr für Produktdesign interessierte. Es reizte sie, weil sie darin die Möglichkeit sah, »der Fantasie völlig freien Raum zu lassen und ohne Einschränkungen eine flexible Bandbreite von Produkten schaffen zu können«. Textilien sammelte sie schon lange und während ihrer Arbeit für einen Händler antiker Textilien erlangte sie ein solides Grundwissen über Textilgeschichte. Es überrascht nicht, dass sie für ihre Arbeit auf vergangene Epochen zurückgreift. »Ich mag bestimmte Designs aus den 1930er-, 50er- und 60er-Jahren, doch ich kann von einem französischen Dokument aus dem achtzehnten Jahrhundert genauso leicht inspiriert werden.«

Cath Kidston ist berühmt für ihren Vintage-Stil. »Ich arbeite gern mit traditioneller Handwerkskunst und Qualität, nehme gerne etwas aus der Generation unserer Großeltern und verwandle es in etwas, das in der heutigen Zeit anwendbar ist.« Die Bandbreite ihrer Druckstoffe, auf denen frische Blumenmuster, Cowboys und Punkte dargestellt werden, reicht von traditioneller Baumwolle über Leinen-Mischgewebe bis hin zu Wachstuch und Voile. Ihr Stil ist sehr persönlich: »Ich würde nicht im Traum etwas verkaufen wollen, was ich selbst nicht mag.«

Die Inspiration zu ihren Farben kommt »aus dem Bauch«. Ihre Farben sind frisch und »Rot ist meine absolute Präferenzfarbe – das ist eine schöne warme Farbe, die leuchtet und alles fröhlich macht. Ich versuche stets, überall etwas Rot mit hineinzubringen.«

Über ihr persönliches Zuhause sagt die Designerin: »Ich neige dazu, weniger mit großen Möbelstücken zu gestalten, als mit Accessoires. Trotzdem steht in meinem Gästezimmer ein Himmelbett mit weißer Baumwollspitze und einem meiner Stoffe darauf.« Sie erklärt weiter, dass Einrichten für sie mit »Raum, Farbe, Licht und Struktur zusammenhängt. Ich bin nicht für schwere Seide, Einfassungen und Quasten. In meiner Wohnung würde es niemals bronze- oder burgunderfarbenen Samt geben. Ich hasse Herbsttöne, sie machen mich tief depressiv.« Nach ihrer Ansicht ist es aber auch »nicht so toll, alles in Weiß zu streichen. Gut ist, etwas Abwechslung hineinzubringen.« Um das zu illustrieren, hat sie ihre Diele in Granny-Smith-Grün gestrichen und weiße Möbel hineingestellt.

Cath Kidston bezieht die Objekte für ihren Laden aus unterschiedlichen Quellen. Stets auf der Suche nach Schnäppchen besucht sie Messen und Märkte in ihrer Umgebung und kombiniert ihre Fundstücke mit dem, was sie in teuren Einkaufsstraßen ersteht.

Ihre Designs sind sowohl von Hand gezeichnet als auch am Computer erstellt. Sie lässt sich von alten Drucken inspirieren, die sie durch Änderung von Maßstab und Farbe aktualisiert, um das Design moderner zu gestalten. Diese Designs tauchen in der Bandbreite ihrer Produkte auf, angefangen von der Bettwäsche über Geschirrtücher bis hin zur Reisetasche aus einem Cowboy-Druck. Cath Kidston findet es gut, für jeden etwas zu haben: die Bleistiftmäppchen und Schlafsäcke für die Teenager und die Kulturbeutel und Bügelbrettbezüge für die Mütter und Großmütter.

Designer-Tipps

Beginnen Sie mit einer Reihe frischer Farbtöne.

Streichen Sie die Wände in blassem Blau und Granny-Smith-Grün.

Stöbern Sie nach retroinspirierten Blumenstoffen oder zum Beispiel nach einem witzigen Wildwestdruck – geeignet ist alles, was leicht, sauber und einfach aussieht.

Seien Sie selbstbewusst und drücken Sie der Inneneinrichtung den Stempel Ihres eigenen Stils und Charakters auf und lassen Sie sich beim Gestalten keine Vorschriften machen; wir leben nicht alle in den gestylten Häusern, wie sie in Magazinen abgebildet sind. Hängen Sie also die Kinderzeichnungen auf und erlauben Sie Ihrem Hund, es sich in der Küchenecke gemütlich zu machen.

Frischen Sie Ihre Möbel mit einem Spritzer weißer Farbe auf.

Legen Sie eine abwaschbare Wachstuchdecke auf den Küchentisch.

Oben *Die Bandbreite der Stoffdesigns* Cath Kidstons *reicht vom klassischen Blumenmuster bis hin zum fröhlichen Punktmuster in frischen Farbzusammenstellungen. Sie verwendet traditionelle Gewebe, wie Leinen, Baumwolle, Voile und Wachstuch, und verwandelt sie in Schlafsäcke, Tischwäsche, ja selbst auffallende Bügelbrettbezüge.*

Oben Karen Nicol *arbeitet mit einem ganzen Kaleidoskop von Stoffen, Materialien und Techniken. Blumen aus Lederstreifen auf einer zarten Netzüberwurfdecke und ein mit Stickerei verziertes »Fotokissen« zählen zu ihren abwechslungsreichen und experimentellen Designs.*

Designer-Tipps

Üben Sie das Flach- oder Plattstich-Nähen auf Ihrer Nähmaschine und sticken Sie mit dieser Stichart Blumen auf Kissenbezüge.

Verzieren Sie Voilevorhänge und Kissenbezüge aus Leinen mit antiken Broschen und Schnallen.

Verwenden Sie moderne Garntypen, wie Reyon, die in leuchtenden Farbschattierungen erhältlich sind und eine glänzende Oberfläche haben, für Ihre Stickereien.

Fahnden Sie nach Stickereien in traditionellen Designs, aber moderner Farbzusammenstellung.

Experimentieren Sie mit dekorativen, bestickten Kleiderstoffen oder Fransentüchern an Lampenschirmen oder drapieren Sie sie über einen Sessel mit einem einfachen weißen losen Bezug – so erhält der Raum ein dekoratives Element.

Karen Nicol

Karen Nicols Atelier im Kellergeschoss ihres Hauses ist eine Schatzkammer der Inspiration: Nach Farben geordnete Garne in allen erdenklichen Farbnuancen ergießen sich aus alten Holzschubladen, Stoffmuster und Musterstücke delikater Stickereien hängen an Wandhaken und Stapel von Transparenz-Boxen beherbergen inspirierende Objekte aller Art. Auf dem Tisch ihre derzeitigen Projekte: schwarze Organzablumen für *Chloé*, sauber auf Papiertüchern aufgetürmt, sowie cremefarbene Überwurfdecken, bestickt mit Blumen im chinesischen Stil.

»Ich wollte überhaupt keine Stickereien machen«, erklärt Karen Nicol. »Meine Mutter stickt und deshalb sträubte ich mich dagegen. Damals wollte ich den schönen Künsten frönen, doch schließlich landete ich bei der Stickerei, es war das, was mir am besten lag.« Nach Abschluss ihrer Ausbildung als Stickerin ging sie ans *Royal College* – wo sie heute unterrichtet – in der Absicht, ein Produkt zu entwickeln. »Ich dachte, durch die Produktentwicklung mit der Stickerei meinen Lebensunterhalt verdienen zu können.« Am Anfang strickte sie Bekleidung und bestickte sie – damals eine völlig neue Idee. Daraus entstand ihr Geschäftskonzept.

Karen Nicols Designs sind experimentell und bei Leuten wie Clements Ribeiro, John Rocha, Matthew Williamson, Betty Jackson und Preston Knight gefragt. Sie verwendet einen Mix von Materialien und Techniken und produziert erstaunlicherweise alles auf einer alten Singer-Nähmaschine, die nur mit Geradstich und Flachstich ausgestattet ist. Mit einem mit dem Knie betätigten Hebel reguliert man den Flachstich. Mit ihr zu arbeiten, ist für Karen Nicol mehr Zeichnen als Nähen. »Man arbeitet die Form quasi mit dem Knie. Es ist so einfach, man kann wirklich damit arbeiten.«

Die Bandbreite ihrer Designs reicht von kunstvoll gemalten, duftigen Blumen aus Raffia und Organza bis hin zu detailgetreuen Vogelbildern, die zwar traditionell wirken, in denen aber leuchtende Neonfarben durch die Flügel blitzen. »Ich liebe Farbe«, so die Designerin, »obwohl ich nie davon überzeugt war, darin sehr gut zu sein. Jahrelang war ich der Meinung, kein Risiko eingehen zu dürfen. Schließlich musste ich für Clements Ribeiro eine umfangreiche Kollektion in ›starken‹ Farben herausbringen und stellte fest, dass ich es konnte.«

Karen Nicol hat zahlreiche Techniken, die sie für Bekleidungsstoffe anwendet, auf die Wohntextilien für ihr eigenes Haus angepasst. Ein mit Lederrosen verziertes filigranes Netz dient als Tischdecke, schwarze Leinenkissen verziert sie mit Raffia- oder Lederblumen, ein Bild von Giorgio Armanis Privatkino, auf dem die Rücken der nummerierten Sitze zu sehen sind, inspirierte sie dazu, die Nummern zu kopieren und auf cremefarbene Leinenkissenhüllen zu sticken.

Wenn Karen Nicol, wie sie sagt, auch am meisten von Entdeckungen aus dem Auto- und Bootsbereich sowie von kontrastierenden Materialien und Techniken inspiriert wird, so sind doch das altbewährte handwerkliche Können und die Geschichte der Stickerei das Fundament ihrer Arbeit. Sie liebt es, diese Fertigkeiten »modern zu machen. Das ist eine fantastische Ausdrucksform.«

Annabel Lewis

Annabel Lewis ist die Frau, die hinter dem Kurzwarenhandel *VV Rouleaux* steht – und er ist »in«. Der Firmenname wurde durch ein Wort, das sie in einem alten französischen Wörterbuch fand, inspiriert und die Initialen VV stehen für »very, very good«. Das ist typisch für ihren ebenso schrägen wie direkten Ansatz, der ihr dazu verhalf, die Posamentenindustrie zu revolutionieren.

Annabel Lewis ist von Hause aus Floristin und gründete ihr Kurzwarengeschäft im Jahre 1990, als sie nirgendwo in Großbritannien Bänder mit eingewebter Drahtkante bekommen konnte. So bezog sie ihre Bänder aus aller Welt und entdeckte Arten und Stilrichtungen, die man in Großbritannien bis dahin nicht gekannt hatte. Dazu zählten Bänder aus französischem Taft mit eingewebter Drahtkante ebenso wie solche aus japanischem Organdy. Die Organdybänder sind neben den Samtbändern und Cord- und Quasteneinfassungen der Verkaufsschlager des Unternehmens geblieben.

Ein Besuch in einem ihrer Läden ist der Himmel auf Erden für jeden passionierten Sammler. Stets sind die Fensterauslagen verschwenderisch, inspirierend und farbenfroh. In ihren unverwechselbaren Metalltrögen liegen Bänder in allen erdenklichen Farben und Materialien in Reih und Glied. Die Regale sind voll gestopft mit Einfassbändern, Paillettenlitzen und Gimpen. Perlmutt- und Strassschnallen, leuchtend gefärbte Federn und Seidenblumen ergießen sich über den Tresen. Haarkämme sind geschmückt mit Seidenblumen, Bändern und Federn; Gürtel und Halsbänder aus Lederriemen sowie Muscheln und Perlen sind über das Treppengeländer drapiert und aus vielfarbigen Bändersträngen gewebte Stoffbahnen schreien danach, zu Kissen oder Bezügen verarbeitet zu werden.

Annabel Lewis erschloss sich die Geschäftswelt als Maximalistin: »Wenn wir etwas, was der Kunde sucht, nicht haben, dann machen wir es.« Die Aufträge umfassen Bänder für Medaillen, Seidenborten aus antiken Bändern, Krawattenfutter im *Art-déco*-Stil, Glasperlenvorhänge, Blumenkorsagen, ja selbst Theatermasken. Die Inspiration zu ihren Designs holt sie sich aus unterschiedlichen Bereichen. Sie kann durch eine alte Schürze im Schaufenster eines Ladens auf dem Land ausgelöst werden oder durch ein Musterbuch mit französischen Bandmustern aus dem Jahre 1840.

Nach Aussage der Designerin gilt ihre Leidenschaft den Posamenten. Sie sind der Quell ihrer Anregungen wegen der Art und Weise, »wie man sie sowohl in das Interieur, die Mode als auch die Auslagen integrieren kann«. Am liebsten kombiniert sie Farben und Dekorationen in Mauve und Grün, in Blassblau und Türkis und scheut auch keine ungewöhnlichen Kombinationen, wie Orange mit schwarz-weißem Gingham oder mit einem mit Pelz verbrämten blassblauen Streifenband. Ihrer Ansicht nach sollten keine Grenzen gesetzt werden: »Warum sollte man Schnurbesätze nur für einen Sessel verwenden dürfen und nicht ein Kostüm damit besetzen?« Diesen unkonventionellen Ansatz verfolgt sie auch in ihrer persönlichen Wohnumgebung. Statt ihr Sofa an den Kanten mit einer traditionellen schmalen Litze einzufassen, nahm sie ein 25 cm breites Band, welches nicht nur wesentlich mehr auffällt, sondern überdies unglaublich dekorativ ist.

Designer-Tipps

Machen Sie Kissen aus breiten, miteinander verwebten Bändern.

Verwenden Sie Farben, die den Raum abrunden und ihm etwas Besonderes geben.

Experimentieren Sie mit Materialmix, um Oberflächenstrukturen zu erzeugen: Kombinieren Sie beispielsweise ein Satinband in kräftigem Pink mit einem gleichfarbigen Samtband.

Hängen Sie Quasten an Tür- und Schrankgriffe, Fenstergriffe und Schlüssel. Lange Raffiaquasten passen an die Garderobe und kurze Seidenquasten an die Fenstergriffe.

Schmücken Sie ungemusterte Kissen mit Quasten oder breiten Einfassungen; unkonventioneller sieht es aus, wenn man sie mit Pailletten oder Perlmutt aufpeppt.

Dekorieren Sie Sessel mit Schichten von Borten; beginnen Sie damit, die Kanten einzufassen, und fahren Sie mit Reihen von Litzen und Bändern fort.

Hängen Sie alternativ zu Vorhängen Perlenschnüre vors Fenster.

Oben *Viele Bänder der VV Rouleaux-Kollektion, zu der auch Schnallen, Litzen, Einfassbänder und Federn gehören, sind französischen Bändern und Musterbüchern nachempfunden – erhältlich sind sie in jeder erdenklichen Farbnuance, Größe, Materialart und Farbkombination.*

Oben Megan Parks *luxuriöse Designs sind allesamt handgestickt. Schön und elegant sehen ihre Muster aus, die ebenso an Einrichtungsstücken wie an Bekleidung und Accessoires Verwendung finden. Ihre Kissen und Quilts passen in eine moderne wie auch traditionelle Wohnumgebung.*

Designer-Tipps

Greifen Sie bei der Gestaltung Ihrer Wohnumgebung auf Stilrichtungen und Techniken aus verschiedenen Kulturen zurück und kombinieren Sie diese.

Setzen Sie ausgeblichene, antike Farben, weiche erdige Rottöne, Graublautöne und gedämpfte Variationen von Grün statt starker Primärfarben ein.

Mixen Sie Ultramodernes mit Vintage, zum Beispiel einen antiken Spiegel, Tische und Stühle, die die 1950er-Jahre zitieren, und einige Stücke aus Glas aus den 60ern.

Achten Sie auf Details und nehmen Sie Überwurfdecken mit filigraner Stickerei und pastellfarbene Kissen hinzu – so erhält die Einrichtung einen ultrafemininen Touch.

Bringen Sie mit ausgeblichenen, geblümten Stoffen den Look des Antiken ein und beziehen Sie damit moderne Sessel.

Megan Park

Die Designerin Megan Park hat ihren Firmensitz nach Sydney verlegt, das Londoner Büro jedoch behalten. Sie absolvierte die Ausbildung zur Modedesignerin und arbeitete zunächst für einen Brautmodenhersteller. Damals verbrachte sie viel Zeit in Kalkutta, wo sie mit Stickerinnen zusammenarbeitete, um qualitativ hochwertige Brautmodenstoffe zu entwickeln. Nachdem sie Australien verlassen hatte, um zu reisen, landete sie in London, wo sie ihr eigenes Unternehmen gründete und am Anfang Taschen und Tücher machte. Durch die in Indien gesammelten Erfahrungen konnte sie ihr Sortiment gut erweitern, und fortan ließ sie ihre Designs von einem Unternehmen in Delhi machen. »Ich arbeite immer noch mit demselben Unternehmen zusammen. Als ich anfing, waren dort zwei Handstickerinnen angestellt. Heute sind mehr als 200 beschäftigt.«

Heute gibt es *Megan Park*-Damenmode, *Megan Girl* und eine Interieurkollektion. Über ihre Arbeit sagt sie, »immer geht es um Textilien. Wenn ich eine Kollektion entwerfe, beginne ich in der Regel mit der Stickerei, bevor ich über Form, Silhouette oder Schnitt, nachdenke.«

Megan Park ist ständig auf der Suche nach Stoffen, die sie als Inspirationsquelle für ihre Designs benutzt. »Ich liebe die Märkte in London, auch die hiesigen und die Messen, die alle zwei Monate stattfinden. Ich liebe *Clignancourt* in Paris und immer gehe ich auf die Märkte, gleich welches Land ich auch bereise. Doch wenn ich in Indien bin, geht es mir nicht so sehr darum, alte indische Textilien zu ergattern, sondern darum, mit den Stickerinnen zu arbeiten, um Ideen und Techniken zu entwickeln.«

Ein 1950er-Jahre-Druck und ein *Swarovski*-Ballkleid der Haute Couture aus den 60ern waren die Impulse für die jüngsten Kollektionen. In der Regel benutzt sie keine Primärfarben und zieht »verwaschene, weichere Farbtöne« vor, neigt jedoch dazu, viel Metallmaterial einschließlich Gold zu verwenden, »doch das Gold ist immer alt und antik, nie unangenehm grell und stark«.

Ihre Interieurkollektion umfasst Kissen und Quilts aus Seide und Baumwolle – allesamt sind sie luxuriöse und komplizierte Handstickereien. »Ich stelle mir nicht vor, in welche Art Wohnung die Kollektion Einzug hält. Vielmehr denke ich darüber nach, welche Person sie kaufen wird.« Megan Park nähert sich Einrichtungslösungen durch einen eklektischen Stil. Sie liebt eine klare, moderne Wohnumgebung, die mit dekorativen Objekten weicher gestaltet werden kann. Ihre Designs sind modisch, doch nicht von der Mode diktiert, und von zeitloser Qualität. »Es ist so, wie die Menschen meine Mode tragen. Einige tragen sie regelrecht traditionell, während sich andere ein Kleid überwerfen und gelbe Stilettos dazu tragen, und es sieht richtig modern aus.«

Sämtliche Stücke aus Megan Parks Interieurprogramm sind handgefertigt. »An einem Quilt kann eine Person einen Monat lang sticken, doch normalerweise arbeiten fünf oder sechs Personen daran. Durch das Sticken von Hand wird eine Arbeit einzigartig und präzise und bekommt eine wesentlich hohere Qualität. Handgesticktes ist viel teurer als Maschinengesticktes, doch ich denke beim Entwerfen nicht an die Kosten. Darüber mache ich mir später Sorgen!«

Tricia Guild

Tricia Guild gründete *Designers Guild* im Jahre 1970, ein Unternehmen, das heute weltweit vertreten ist. Sie leitet ein Designteam, das für seine innovativen Designs, seine unverkennbare Farbgebung und seinen Mustereinsatz berühmt ist. Sie beschreibt den Stil als »zeitgenössisch und farbenprächtig, ein Mix aus Mustern, Struktur und einer anregenden Mischung von Alt und Neu«.

Dort, wo sie die extremeren Farben des Farbenspektrums anwendet, haben die Designs einen unbestreitbar modernen Look. Tricia Guild verwendet Farbe intuitiv. »Impulse erhalte ich durch so viele Dinge – Gärten und Blumen sind eine ungeheure Quelle der Inspiration. Auch reise ich viel und werde stets durch andere Kulturen und Länder inspiriert.« Sie benutzt gerne »warmes Hyazinthenblau mit Akzenten von Lavendel, Limonengrün und weichem Weiß und dynamisches Schwarz und Weiß mit der Schockfarbe Pink oder Scharlachrot«. Darüber hinaus liebt sie Türkis, Limonen- und Salatgrün, die sie als »eine wundervoll frische und stimulierende Kombination« beschreibt, sowie Himbeerrot mit Kirsch und Rosé, was »sexy und sinnlich« ist. Nach Tricia Guild kann man die meisten Farben überall im Haus verwenden. »Der Schlüssel ist Selbstvertrauen«, so sagt sie. »Ich bin keine große Verfechterin von Regeln und ziehe es vor, instinktiv zu gestalten.«

Wenn sie einen Raum entwirft, hängt die Richtung, die sie einschlägt, vom Raum ab. »Zuweilen kann man von einem vorhandenen geliebten Möbelstück oder Teppich ausgehen, in anderen Fällen kann es eine vollkommen leere Leinwand sein. Ich halte es für unbedingt erforderlich, die Funktion des Raumes zu betrachten. Was die Gestaltung anbelangt, bin ich davon überzeugt, dass es wichtig ist, dem eigenen Instinkt zu folgen. Entscheidend ist, das persönliche Gespür für Farbe zu entdecken.«

Über ihr persönliches Zuhause sagt Tricia Guild: »Ich umspiele gerne Fenster mit Kaskaden aus Stoff. Damit habe ich die Möglichkeit, kontrastierende Strukturen zu kombinieren und dennoch die Kombinationen schnell verändern zu können. Im Sommer hänge ich weiße Leinenstoffe mit Seide in leuchtenden Farben und einem frischen Druck zusammen. Im Winter machen sie Kombinationen aus schwereren, gewaschenen Wollgeweben oder Samt mit Seide Platz.«

Dass man Textilien auf unterschiedlichste Weise benutzen kann, ist für Tricia Guild sehr anregend. »Ich mag, wie sie altern und ich mag, dass das gleiche Design je nach Farbzusammenstellung oder je nachdem, ob es gedruckt oder gewebt ist, so anders aussehen kann.« Über ihre Designfavoriten sagt sie, »ich schwärme für unsere neue Print-Kollektion *China Rose*. Sie hat im Grunde einen klassischen Bezugspunkt – nämlich botanische Drucke und die Pracht formaler Gärten, wie *Sissinghurst*, dennoch hoffe ich, dass in ihr daneben eine ebenso dynamische wie schöne, frische Modernität steckt.« Die Gewebekollektion *Saraceno* ist ein weiterer Favorit, weil sie »ein eklektischer Mix aus reich strukturiertem Samt ist, einschließlich eines recht speziellen Genuasamts. Es dauert Jahre, ihn zu weben, er ist äußerst kompliziert herzustellen und fast so etwas wie eine Maßanfertigung.«

Designer-Tipps

Experimentieren Sie mit Farbe, um zu Ihrer persönlichen Farbpalette zu finden.

Umspielen Sie Fenster mit Schichten kontrastierender Stoffarten: Samt-Leinen-Kombinationen oder Seiden-Baumwoll-Kombinationen.

Variieren Sie die Stoffe je nach Jahreszeit: schwerere wie Wolle und Samt für den Winter und leichtere Baumwolldrucke für Frühling und Sommer.

Verwenden Sie Stoffe mit deutlicher Oberflächenstruktur, wie Taft, Samt und Leinen, als Bezugsstoffe.

Setzen Sie für eine moderne Atmosphäre zu einer monochromen Farbskala Akzente in leuchtendem Pink oder Limonengrün hinzu.

Mischen Sie traditionell inspirierte, florale Muster mit Streifen für einen starken, modernen Kontrast.

Oben Tricia Guild *ist berühmt für ihr innovatives Design, ihre ausdrucksstarken floralen Motive und eine grelle Farbpalette. Die hier abgebildeten, reich strukturierten Samtkissen stammen aus der* Saraceno-, Cordellina- *und* Zileri-*Kollektion von* Designers Guild.

Oben Neisha Crosland *ist bekannt für ihren ausgeprägten Sinn für Ausgewogenheit und Proportionen, eine feinfühlige Farbgebung und innovative Drucktechniken. Die Bandbreite ihrer Designs umfasst Tapeten, Stoffe, Kissen, Tücher und Taschen.*

Neisha Crosland

Designer-Tipps

Experimentieren Sie mit verschiedenen Mustern in einem Raum, in dem Sie nicht viel Zeit verbringen, etwa im Treppenhaus. So können Sie das Muster ermitteln, das Sie mögen und anderweitig verwenden möchten.

Denken Sie langfristig und lassen Sie sich Zeit. Versuchen Sie nicht, ein Interieur auf einen Schlag zusammenzustellen, sondern kaufen Sie Möbel und Accessoires nach und nach.

Heben Sie Ihre Wohnumgebung mit einem Schuss Mattgold – auf diese Weise fügen Sie auch eine weitere Oberflächenstruktur hinzu.

Wählen Sie zwei gedämpfte Farbnuancen, die farblich ähnlich sind, wie sanftes Grün und Grau, um eine entspannte Farbskala zu kreieren.

Mischen Sie Samt mit abstrakt gemusterten und der Natur nachempfundenen Satindrucken an Fenstern und auf Polsterungen.

Geben Sie Ihrer Wohnung mit Fotosammlungen und antikem Schmuck eine persönliche Note und präsentieren Sie diese gruppenweise an der Wand.

Wenn sich Neisha Crosland auf ihrem Weg zu einem Vortrag im Londoner *Victoria & Albert Museum* nicht verlaufen hätte, wäre sie vielleicht nie Textildesignerin geworden. Obwohl sie sich seit ihrer Kindheit für Textilien interessierte, »ich erinnere mich an eine *William-Morris*-Tapete im Bad und den Katz-und-Maus-Rapport aus meinem Schlafzimmer. Ich versuchte immer herauszufinden, wo das Muster begann und wo es aufhörte«, hatte sie sich für ein Grafikdesign-Studium eingeschrieben. In den labyrinthartigen Galerien des *Victoria & Albert Museums* stolperte sie jedoch über die Textildesigns aus dem osmanischen Reich. »Als ich diese Textilien sah, machte es bei mir Klick. Es war etwa so, als wäre ich dafür auserkoren gewesen. Zu dem Vortrag ging ich nicht, sondern zum Dekan und schrieb mich für Textildesign ein.«

Ihren ersten Erfolg hatte sie mit ihrer Abschluss-Show. Ihre von *Fortuny*-Stoffen und mittelalterlichen Ritterspielen und Motiven inspirierten Designs waren sehr farbenfroh auf Samt gedruckt. Diese Arbeit zog die Blicke von *Osborne & Little* auf sich, die ihr noch in der ersten Stunde der Show den Auftrag gaben, auf der Grundlage ihrer Abschlussarbeit eine Kollektion zu entwerfen. Ihr Design für die Goldsterntapete wurde zu einem ihrer Verkaufsschlager.

Für sie sind Textilien aufregend, weil sie sowohl unterschiedliche Farbzusammenstellungen als auch Oberflächenstrukturen aufweisen, und damit hat man unendliche Möglichkeiten. »Was toll ist, ist die Tatsache, dass Textilien immer dreidimensional verwendet werden, sei es um den Körper gehüllt oder über einen Sessel gespannt. Ich hatte immer ein Faible für Skulptur und dachte, dass Textilien all das umfassen – alles in einem.«

Als freie Designerin verkaufte sie ihre Designs auf dem Papier und es frustrierte sie, keine Kontrolle darüber zu haben, wie ihre Arbeit verwendet wurde – sie wusste nie, ob ein Muster auf einem Ballkleid oder einem Kulturbeutel enden würde. Sie begann, Ausbrennersamt zu bedrucken und daraus Tücher zu machen. *Harrods* griff diese Samte auf und sie gründete ihr eigenes Unternehmen.

Wenn sie ein Muster entwirft, konzentriert sie sich darauf, dass es eine interessante Rhythmik hat. »Mit Musik verbindet man Noten zu einer Melodie. Das Gleiche gilt für ein Muster und die Kreation eines Rapports. Jedes Design hat einen anderen Charakter oder Takt.«

Ein anderer Aspekt, der für sie von Belang ist, ist die Proportion und die Art und Weise, wie Proportion in Verbindung steht mit »der Körpergröße eines Menschen. Wie sie am Körper und in einem Raum wirkt. Selbst beim Entwurf eines Punktes spielt die Proportion eine Rolle. Die Art und Weise, wie man den Punkt druckt, verändert seinen Charakter. Auf Satin ist er sehr flach, sodass einem die Größe der einzelnen Punkte und der Abstand zwischen ihnen etwas langweilig vorkommen kann; dann muss man ihn verzerren. Ich habe eine genaue Vorstellung von dem, was langweilig und was nicht langweilig ist. Allein durch die Veränderung von Maßstab, Proportion und Anordnung kann man ein Muster interessant gestalten und dafür sorgen, dass es funktioniert.«

Timorous Beasties

Insekten jagende Leguane, überlebensgroße Aale und schlingpflanzenhafte Blumen waren Standardmotive in den frühen Arbeiten des Designerduos Paul Simmons und Alistair McAuley. Sie brachten ihrem Unternehmen *Timorous Beasties* eine Menge Aufmerksamkeit ein. Seit der Gründung ihres Unternehmens im Jahre 1990 mit dem Ziel, handbedruckten Samt zu produzieren, hat sich ihre Arbeit weiterentwickelt, ist dabei aber typisch geblieben und weiterhin so eklektisch und abtrünnig wie zuvor. Die beiden arbeiten im großen Stil mit großformatigen Musterrapporten. Die Designs, die ihnen ursprünglich zu Anerkennung verhalfen, waren widersprüchlich – von weitem betrachtet sahen sie aus wie schön gezeichnete, traditionelle Drucke, doch bei näherem Hinsehen entpuppten sich ihre ungewöhnlichen bildlichen Darstellungen als Insekten und Ähnliches. »Ich habe Insekten immer gemocht und wollte eine Art Realismus in unsere Designs bringen. Ich nehme an, es war auch eine Ablehnung der traditionellen pastellfarbenen Blumenmuster und all der Drucke um uns herum, die eine perfekte Welt suggerieren. Inzwischen sind wir etwas reifer geworden und nicht mehr die zornigen jungen Männer«, wie Paul Simmons erklärt.

Das Duo entwirft gemeinsam, und zwar von Hand und am Computer. Sämtliche Papiere und Stoffe sind handbedruckt und einiges von dieser Arbeit machen die beiden Designer auch selbst. »Man hat beim Entwerfen den Arbeitsprozess vor Augen. Arbeitet man nur auf dem glatten Papier, denkt man nicht darüber nach, wie die Druckfarbe und der Stoff das Design beeinflussen.«

Am Beispiel von *Euro*-Damast ist gut zu sehen, wie der Druckprozess die Entwicklung eines Designs beeinflussen kann. Das Muster kreierten die Designer, indem sie die Küstenlinien Europas aus Landkarten herausrissen, die gerissenen Kanten zusammensteckten und so ein damastähnliches Muster erzeugten. »Ursprünglich wollten wir einen Druck im Meeresstil entwickeln«, so Simmons, »doch es entwickelte sich anders. Als wir zu drucken begannen, ähnelte das Muster mehr einem Farbklecks oder Diagramm.« Hier sieht man deutlich, wie man mit handwerklichen Techniken Drucke erzielen kann, die mit einer Druckwalze nicht möglich sind. Simmons betont, dass es die »kleinen Stellen sind, wo der Grund von Tintenblau bis hell verläuft, die den Unterschied ausmachen.«

Wetterkarten inspirierten ihre Designs *Force 10* und *Isobar*. Es handelt sich um abstrakte Luftdruckringe und -pfeile, wie man sie auf Wetterkarten findet, um Windstärke und Windrichtung darzustellen. »Stoff benutzt man für den Vorhang eines Fensters, durch das man die meiste Zeit das Wetter sieht. Wind ist etwas, was man nicht sehen kann, doch es gibt Möglichkeiten, ihn zu beschreiben«, so Simmons. Diese Drucke haben ebenso viel Energie und Humor wie ihre frühere Arbeit, obgleich der Humor heute etwas spielerischer ist und die Designs einfacher sind.

Falls Sie sich gewundert haben – der Name *Timorous Beasties* stammt aus einer Zeile aus der *Ode an eine Maus* von Robert Burns. »Der Titel passte zu der Art Arbeit, die wir damals machten. Er ist aber auch widersprüchlich und kann anders verstanden werden« – genau wie ihre Designs.

Designer-Tipps

Denken Sie zunächst über die Funktion eines Raumes nach und schaffen Sie darin unterschiedliche Zonen mit unterschiedlicher Atmosphäre.

Gestalten Sie mit Beleuchtung, Teppichen, Sitzszenarien und Kissen eine Oase der Behaglichkeit. Setzen Sie härtere Bereiche, wie einen Schiefer- oder Steinboden, dazu in Kontrast.

Tapezieren Sie nur eine Wand mit einer stark gemusterten Tapete wie *Euro*-Damast und ergänzen Sie sie durch einfaches, modernes Mobiliar.

Machen Sie einfache Rollos aus großformatigen Drucken. Streichen Sie die Wände einfarbig, sodass das Rollo zur Dekoration wird, wenn es heruntergezogen ist.

Kombinieren Sie moderne und traditionelle Muster, doch achten Sie auf Ausgewogenheit, indem Sie sie auf Kissenbezüge oder Fensterbehänge begrenzen.

Oben Timorous Beasties *sind berühmt für ihren mutigen Umgang mit traditionellen Motiven, die etwas Skulpturales haben. Viele der Designs mit ihrer ungewöhnlichen Farbgebung sind von Hand gedruckt. Einige ihrer jüngeren Arbeiten wurden von Wetterkarten inspiriert, wie im Hintergrund ihres Porträts (gegenüber) zu sehen ist.*

Oben *Diese Quintessenz englischer floraler Muster in zarten, ausgeblichenen Pastelltönen ist typisch für* Rachel Ashwells Shabby Chic-*Look. Durch den Streifenstoff tendiert das Ensemble ins Moderne. Sie hat darüber hinaus eine Reihe von Stoffen im* Vintage-*Stil für Heimtextilien und Accessoires für* Marks and Spencer *entworfen.*

Designer-Tipps

Beginnen Sie mit einem klaren und unverstellten Raum und stellen Sie nur die Dinge hinein, die Sie wirklich brauchen und mögen.
Schaffen Sie mit einem antiken oder auf antik getrimmten Kerzenleuchter ohne viel Aufwand Kultiviertheit im alten Stil.
Stellen Sie ein superbequemes Sofa mit weichen Daunenkissen hinein oder beziehen Sie Ihr altes Sofa neu bzw. kaufen Sie ein paar waschbare Hussen aus weißem Denim.
Schmücken Sie das Sofa mit einer Reihe von Kissen, deren Hüllen aus traditionellen Blumendrucken in Pastelltönen bestehen und die verblichen und leicht verschlissen aussehen.
Verwenden Sie Chenille, Samt, schwere Leinen- und Damaststoffe für Polsterungen. Wählen Sie blasse Farbtöne; falls Sie etwas kräftigere Farbtöne bevorzugen, so wählen Sie erdige Töne, wie weiches Braun und Beige, die sich auf andere Möbel abstimmen lassen.
Dekorieren Sie mit frischen Blumen und bringen Sie Düfte in den Raum.

Rachel Ashwell

Beim *Shabby Chic*, dem verblichenen Schick, geht es darum, »geerbte oder auf dem Flohmarkt erstandene Stücke neu zu beleben, ihre Authentizität zu bewahren und ihnen dennoch den leisen, leichten und frischen Dreh von Kalifornien zu geben«, erklärt Rachel Ashwell, die ihren ersten *Shabby Chic*-Laden 1989 in Los Angeles eröffnete.

Rachel Ashwell ist vielleicht am meisten dafür bekannt, dass sie waschbare Hussen auf dem amerikanischen Markt wieder eingeführt hat. Anstelle eines schweren gemusterten Polsterstoffs nimmt sie für ihre losen Bezüge einfache, dauerhafte und pflegeleichte Materialien, wie zum Beispiel weißen Denim. In ihrem ersten Laden verkaufte die Designerin neben den Hussen Stücke, die sie auf Flohmärkten ergattert hatte und von denen sie viele mit einem Pinselstrich weißer Farbe feinfühlig neu interpretiert und modernisiert hatte.

Weiß ist ein Schlüsselelement für vieles im *Shabby Chic*-Look mit seinen vorwiegend zarten Pastellfarben, wie Blassblau, Rosa, Blassgrün und Elfenbein. Rachel Ashwell hat ein Faible für diese Farbtöne, denn »sie sind beruhigend und können zusammen verwendet werden, ohne wie ein Mischmasch auszusehen«. Die Designerin besteht darauf, dass sie »bei Farbe mit sich verhandeln lässt. Die einzigen Farben, die ich nie verwenden würde, sind Primärfarben, obwohl wir ein schwarzes Sofa für Ozzy Osbourne gemacht haben.« Die Bandbreite ihrer Stoffe kann als englische Quintessenz mit Jahrhundertwende-Atmosphäre beschrieben werden – zarte Blumenmuster in ausgeblichenen, sonnengebleichten Farbschattierungen und Paisleymuster in neuartiger Farbkombination von Blassrosa und -blau mit einem Spritzer Türkis, der das Muster hebt.

Auch Popeline und Leinen, selbstverständlich in Pastelltönen bedruckt, die aussehen, als wären sie in der Sonne verschossen, zählen zu ihren Stoffen sowie eine Reihe von Bettwäsche aus weichem T-Shirt-Material und ebensolchem Popeline. Ihre Möbelkollektion ist von ihrer Liebe zu Antiquitäten inspiriert und umfasst Esstische, Stühle, Couch- und Nachttische, Betten und Spiegel sowie Feldbetten und Klappstühle, die mit einem Latex-Finish von Hand gestrichen werden.

Wo immer möglich, verzichtet Rachel Ashwell auf Vorhänge – für sie sind überladene Girlanden und Stoffbehänge »Staubfänger«. Sofern ein Fensterbehang jedoch zur Wahrung der Privatsphäre oder als Wärmeschutz benötigt wird, lautet ihr Ratschlag, »sie einfach zu halten und eine einfarbige Spitzen- oder Samtbahn zu nehmen, die man leicht zur Seite ziehen kann und die nicht zu theatralisch wirkt. Vorhänge sollten eine Nebenrolle spielen und nicht die Hauptdarsteller sein.«

»Wenn man einen Raum entwirft oder umgestaltet, sollte man nicht erwarten, alles an einem Tag zu finden«, meint die Designerin. »Lassen Sie die Dinge sich entwickeln und zu ihrer Zeit ins Haus kommen.«

Auf die Frage, welches Teil für sie der Inbegriff des *Shabby Chic* ist, wählt sie einen Glaskandelaber, »weil er Ihnen im Handumdrehen die Atmosphäre angestaubter Eleganz vermittelt«.

Designer-Tipps

Verwenden Sie eine einfache, aber auffallende Reihe von Farben, wie Weiß, Schwarz und Grau mit einem Klecks von lebhaftem Rot, Limonengrün oder Tiefblau.

Verzichten Sie auf Muster und beziehen Sie Ihre Möbel mit Stoffen, die wie Bouclé, Chenille oder gefilzte Wolle Oberflächenstruktur aufweisen.

Schmücken Sie Ihr Sofa mit ein paar Kissen mit viel Struktur – so bleibt der Look einfach.

Entscheiden Sie sich für Möbel mit klaren Linien in Modulbauweise aus einem Naturmaterial wie Holz.

Legen Sie einen Filzläufer in leuchtendem Rot mit unregelmäßigen und reliefartig hervorstehenden Kreisen auf den Tisch.

Ersetzen Sie Malerei an den Wänden durch Wandpaneele mit Struktur. Filzbespannte Paneele oder geschnitzte Holzplatten passen gut in eine zeitgemäße Szenerie.

Anne Kyyrö Quinn

Die Textildesigns von Anne Kyyrö Quinn vereinen traditionelles Handwerk mit industriell gefertigten Materialien. Obwohl sie ihren Firmensitz in London hat, übt ihre finnische Vergangenheit den größten Einfluss auf ihre Arbeit aus. Nach Aussage der Designerin ist die Handwerkskunst in das finnische Erbe eingebettet. »Von früher Kindheit an sah ich, wie die Leute nähten und Dinge selber fertigten; das ist ein wesentlicher Bestandteil ihrer Kultur.« Für ihre Arbeiten benutzt sie gerne Filz, ein Material, das ihr seit Kindestagen sehr vertraut ist.

Nach ihrem Abschluss in Polstermöbeldesign und -herstellung kam sie zu industriell hergestelltem Filz und forschte und experimentierte für ihren Magistergrad damit weiter. Der Filz, mit dem sie arbeitet und dessen Herstellung von Hand viel zu arbeitsintensiv wäre, stammt aus Deutschland. Die Näharbeit lässt die Designerin dann in Nordengland von Hand ausführen. Ihre Designs sind sehr modern und einfach, mit einer »klaren, nordischen Farbpalette«, die Grau und Weiß beinhaltet und Spritzer von Rot, Limonengrün, leuchtendem Blau sowie Pink enthält.

Ihre Arbeit ist wegen der Dreidimensionalität sehr skulptural und ungewöhnlich. *Loop*, ihr vielleicht bekanntestes Design, besteht aus Filzstreifen, die so aufgenäht werden, dass ein plastisches Wellenmuster entsteht. Sie verwendet es für Kissen, Sitzwürfel und Leuchten.

Die Arbeiten der Designerin sind sehr taktil. Man möchte sie berühren, und wenn es nur ist, um festzustellen, wie sie gemacht sind. Ihre jüngsten Designs *Twist* und *Origami* demonstrieren die Faszination, die von Filz ausgeht. Wie Anne Kyyrö Quinn erklärt, hat ihre Kreativität viel mit dem Material selbst zu tun: »Die Materialeigenschaften inspirieren mein Schaffen, aber Inspiration gibt es überall um uns herum.« *Twist* scheint aus einer Reihe verdrehter Flossen zu bestehen, wodurch eine besondere optische Wirkung entsteht. Weiße Bänder biegen sich auf schwarzem Grund, um ein Muster zu bilden, welches komplex und dennoch verblüffend einfach ist. *Origami* ist fließender und sieht aus wie leuchtend blaue Filz-Tagliatelle, die auf einem hellrosafarbenen Untergrund liegen.

Andere Arbeiten der Designerin sind strukturierter und greifen abstrakte Formen auf. Der erhabene Filzring auf einem Platzset in Grau bestimmt exakt, wohin der Teller zu stellen ist. Weiße, erhabene Kreise mit schwarzer Mitte ziehen sich über einen leuchtend roten Tischläufer, und Zielscheibenkissen mit dem Titel *Target* in nüchternem Grau haben leuchtend rote und limonengrüne Mitten, die zugleich witzig und modern wirken. Mit ihrem Leuchtenprogramm ist Anne Kyyrö Quinn Pionierin in der Verwendung von Filz für interessante Lampenschirme. Sie hat sich mit *Innermost* zusammengetan und verkauft nun ihre Designs weltweit.

Die Designerin zieht es vor, mit Naturfasern zu arbeiten und verwendet neben Filz auch Leinen, Wollgewebe und sogar Segeltuch, um ihre skulpturalen Stoffe zu kreieren. Ihre Anwendungsgebiete sind fast grenzenlos, wie ihre Produktpalette demonstriert – sie stellt aus den Stoffen Kissen, Decken, Wandpaneele, Leuchten, Taschen, ja selbst Rollos her.

Oben *Der taktile und dreidimensionale Charakter der Arbeit* Anne Kyyrö Quinns *ist in den Kissen* Linea, Loop *und* Target *deutlich zu erkennen. Sie sind alle aus Filz und in klassischen skandinavischen Farben gehalten.*

Projekte

Nun kann es losgehen

Textile Einrichtungsgegenstände gibt es in enormer Zahl fertig zu kaufen, doch sie haben nicht immer die Größe, die man braucht. Wenn Ihre Fenster zum Beispiel keine Standardmaße haben, kann der Kauf eines passenden Vorhangs teuer werden. Mit ein paar Grundkenntnissen im Nähen können Sie viele Dinge, die Ihrem Zuhause einen persönlichen und individuellen Look verleihen, selbst machen – und je mehr Sie selbst nähen, desto leichter wird es Ihnen fallen. Wie bei allen Dingen beginnt man am besten mit etwas Einfachem, wie einer Kissenhülle, und wagt sich mit zunehmender Souveränität im Umgang mit dem Material nach und nach an kompliziertere Projekte.

Die Projekte dieses Kapitels decken jeden Bereich des häuslichen Umfelds ab und umfassen Fensterdekoration, textile Kunst, Kissen, Polsterbezüge, Accessoires für das Schlafzimmer und Tischwäsche. Die Anleitungen sind in leicht nachvollziehbaren Schritten beschrieben und werden von einer Material- und Zubehörliste ergänzt. Es empfiehlt sich, die jeweilige Anleitung einmal ganz zu lesen, bevor Sie sich ans Werk machen.

Grundausstattung

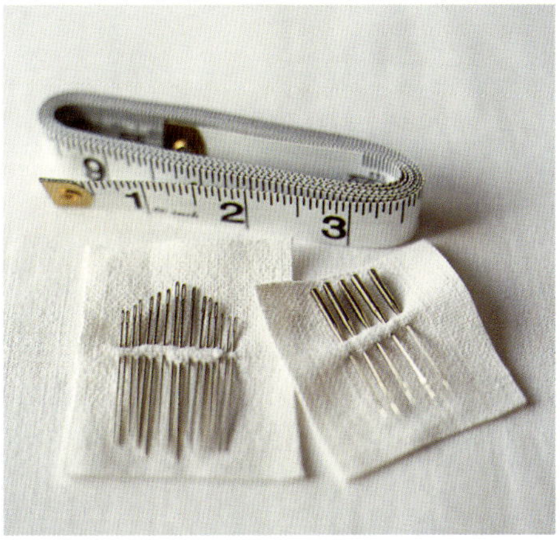

Nähgarn

Verwenden Sie Baumwollgarn für Stoffe aus Naturfasern und Synthetikgarn für Stoffe aus Kunstfasern. Beim Verarbeiten von schweren Stoffen verwenden Sie Polstergarn und beim Verarbeiten von leichteren Stoffen, wie Satin, nehmen Sie Nähseide.

Nadeln

Nähmaschinennadeln gibt es in diversen Stärken. Für feine Stoffe nehmen Sie eine feine Nadel. Für Leder, Wildleder und Vinyl benötigen Sie eine Spezialnadel, die im Fachhandel erhältlich ist. Handnähnadeln werden nach Länge, Spitze und Form des Öhrs in Kategorien eingeteilt. Nadelstärke 10 benutzt man für leichte Stoffe, Nadelstärke 14 für mittelschwere Stoffe.

Messen und Schneiden

Sie benötigen ein Maßband, das sich nicht dehnt. Auch ein ausziehbares Metallmaßband in einem Gehäuse ist praktisch. Kaufen Sie eine Schneiderschere mit großer Blattlänge und verwenden Sie diese nur zum Zuschneiden von Stoff. Eine Zackenschere eignet sich zum Versäubern von Schnittkanten und verhindert ihr Ausfransen. Eine scharfe Handarbeitsschere eignet sich für kniffligere Arbeiten.

Die Nähmaschine

Es gibt Nähmaschinen von der Geradstichmaschine bis zur Hightechmaschine. Sofern Sie Größeres vorhaben, lohnt es sich, in ein Automatikmodell mit Elektroniksteuerung zu investieren, das mit zahlreichen Nähprogrammen und Nutzstichen ausgestattet ist. Wenn Sie lediglich Vorhänge und Kissen nähen wollen, genügt eine einfachere Maschine.

Die folgenden Fragen helfen Ihnen bei der Wahl des richtigen Nähmaschinenmodells:

- Hat die Maschine einen automatischen Fadeneinfädler?
- Lässt sich der Faden leicht auf die Spule wickeln?
- Über wie viele Nähprogramme mit Nutzstichen verfügt das Modell?
- Hat die Maschine einen Einstellknopf zum Rückwärtsnähen, mit dem man das Nahtende verriegeln und vernähen kann?
- Hat sie einen Einstellknopf zur Regulierung der Stichbreite und der Stichlänge?
- Hat sie einen Einstellknopf zum Knopflochnähen?
- Ist sie mit einem umfangreichen Nähfuß-Sortiment ausgestattet?
- Lässt sich die Arbeitsfläche so verändern, dass sich die Maschine in eine Freiarm-Nähmaschine verwandelt?

Verwenden Sie den richtigen Nähfuß

Zickzackfuß Er gehört zur Grundausstattung, wird für Gerad- und Zickzackstich verwendet.

Knopflochfuß Für das Nähen von Knopflöchern. Mithilfe der Markierungen im Fuß lässt sich die Länge des Knopfloches definieren.

Reißverschlussfuß Für das Nähen jeglicher Naht, bei der sich auf einer Seite mehr Material befindet als auf der anderen Seite. Verwenden Sie ihn für Reißverschlüsse, Paspelierungen und Knopflöcher.

Überwendlingsfuß Für das Nähen unversäuberter Kanten, die nicht gesäumt werden müssen. Der Fuß wird an die Stoffkante herangeschoben, sodass sich die Stiche um die unversäuberte Seite legen.

Säumerfuß Er schlägt die Stoffkante automatisch ein, sodass sie unter die Nadel geschoben und festgesteppt wird.

Wählen Sie die richtige Stichlänge

Feinstichlänge 1–1,5 mm: Für leichte Stoffe wie Voile sowie für den Flachstich geeignet.

Normale Stichlänge 1,5–2,5 mm: Für mittelschwere Stoffe, wie Baumwolle, geeignet.

Heftstich 3–5 mm: Für Polsterstoffqualitäten sowie zum Kräuseln geeignet.

Langer Heftstich bis 5 cm: Für dekorative Arbeiten wie Steppen wattierter Stoffe und Applikationen geeignet.

Stoffqualitäten

Azetat
Besteht u.a. aus zellulosischen Baumwolllinters, besonders kurzen Baumwollfasern. Ein luxuriöser, steifer Stoff, der sich leicht bedrucken und färben lässt. Er eignet sich als Polsterstoff und für Vorhänge.

Batist
Ein weicher Baumwollstoff, oft mit leichtem Glanz. Gut geeignet für leichte Vorhänge.

Baumwolle
Sie lässt sich leicht färben, bedrucken und waschen. Verwendbar für viele textile Einrichtungsstücke, einschließlich Bezüge, Tisch- und Bettwäsche.

Baumwollsatin
Dieser Baumwollstoff ist weich und leicht glänzend. Wird oftmals einfarbig in vielen Farbtönen und Stoffgewichten angeboten. Gut geeignet als Futterstoff und für schwere Vorhänge.

Brokat
Kann aus verschiedenen Materialien, z.B. einer Baumwollleinen-Mischung und Seide, bestehen. Ein satinähnliches Gewebe mit erhabenem, reliefartigem Muster ähnlich einer Stickerei. Für Vorhänge und Kissen geeignet.

Canvas
Sehr starke, grobe, strapazierfähige Baumwolle. Das steife Material ist schwierig zu verarbeiten.

Chambray
Besteht aus Baumwolle, Leinen und zuweilen aus Seide. Dieses Material in Leinwandbindung wird oft aus blauem Garn gewebt. Geeignet für Bettwäsche.

Chiffon
Besteht aus Seide, Reyon oder Polyester. Weicher, feiner und fließend fallender Stoff; für transparente Vorhänge verwendbar.

Chintz
Besteht meist aus Baumwolle oder Seide. Es ist ein dicht gewebter Stoff, bedruckt mit Blumen- und Vogelmustern, oft mit einer Oberflächenausrüstung aus Harz versehen, die ihn weich glänzend sowie Schmutz abweisend macht. Er eignet sich für Vorhänge und Bezüge.

Cord
Vom Nadelcord bis zum Breitcord erhältlich. Nadelcord ist geeignet für Vorhänge, andere Cordarten für Sitzbezüge; zu beachten ist, dass der Strich nach oben verläuft.

Damast
Besteht aus Baumwolle, Seide oder Leinen. Dieser flach gewebte Stoff weist ein vollflächiges Muster auf und eignet sich u.a. für Tischwäsche, Bezugsstoffe, Vorhänge.

Denim
Ein robuster Baumwollstoff in Köperbindung, der in einer Reihe von Farbtönen erhältlich ist. Strapazierfähig und waschbar, gut geeignet für lose Bezüge, Hussen und Bodenkissen.

Gingham
Ein gestreiftes oder kariertes Gewebe aus Baumwolle. Es eignet sich für Tischwäsche, leichte Vorhänge und Kissenbezüge.

Hanf/Jutegewebe
Ein gröberer und lose gewebter Stoff aus Jute oder einer Jute-Hanf-Mischung. Geeignet für Wandbehänge, Vorhänge, Rollos.

Inlett
Ein dicht gewebter, starker Baumwoll- oder Leinenstoff, traditionell mit schwarzen oder weißen Streifen. Wird zum Bespannen von Matratzen und als Kisseninlett verwendet und kann auch als Polsterbezug dienen.

Jacquard
Jacquardgewebe bestehen häufig aus 60 % Leinen und 40 % Baumwolle. Sie werden auf einem Jacquardwebstuhl hergestellt und haben ein kompliziertesMuster.

Kaschmir
Wird aus dem Unterhaar der Kaschmirziege gewonnen und ist unglaublich weich. Eignet sich für Decken und Überwürfe.

Kattun
Ein starker Baumwollstoff mit dichter Bindung, der einfarbig oder bedruckt angeboten wird.

Kretonne (Grobnessel)
Dieser äußerst strapazierfähige Stoff besteht aus bedruckter oder einfarbiger Baumwolle. Maschinenwaschbar und für die meisten textilen Einrichtungsstücke geeignet.

Leinen
Leinen besteht aus Flachsfasern, die häufig mit Baumwolle gemischt werden, sodass ein strapazierfähiger Polsterstoff entsteht. Auch verwendbar für Vorhänge, Tisch- und Bettwäsche sowie Handtücher.

Polyester
Eine leichte, starke, langlebige Kunstfaser. Kann Materialien beigemischt werden, die nur chemisch gereinigt werden dürfen, damit diese waschbar und strapazierfähiger werden. Verwendbar für Teppiche, Vorhänge und Polstermöbelbezüge.

Reyon
Besteht aus Zellstoff und synthetischen Stoffen. Das Material ist weich, lässt sich gut drapieren, färben und bedrucken. Für Bettzeug, Polstermöbelbezüge, Vorhänge und Tischwäsche geeignet.

Rips
Besteht oft aus Baumwolle oder einer Baumwollmischung. Er hat eine gerippte Oberflächenstruktur und ist sehr strapazierfähig. Gut geeignet zum Polstern, als loser Bezug und für Hussen.

Samt
Polstersamt besteht aus Baumwolle, Kunstfasern oder aus einer Mischung von beiden. Samt hat einen Flor, fühlt sich weich an und muss in der Regel chemisch gereinigt werden.

Seersucker
Besteht entweder aus Baumwolle und Polyester oder Nylon und weist eine strukturierte Oberfläche auf. Verwendbar für leichte Vorhänge, Kissen oder Tischwäsche.

Seide
Von der Seidenraupe produzierte Fäden werden zu Seide versponnen. Es gibt sie in unterschiedlichen Qualitäten, Strukturen und Ausrüstungen. Sie lässt sich gut färben, bedrucken und drapieren und ist geeignet für Polsterbezüge, Vorhänge, Bett- und Tischwäsche.

Shantung
Besteht aus Seide, Baumwolle oder Kunstfaser und hat eine quer gerippte Oberfläche. Für die meisten textilen Accessoires geeignet.

Spitze
Wurde früher aus Leinen gearbeitet. Heute ist sie u.a. aus Nylon, Viskose und Baumwolle auf dem Markt. Sie ist in großen Breiten erhältlich und daher für Vorhänge geeignet.

Tapisserie
Besteht aus Leinen, Seide oder Baumwollfasern mit reicher und dekorativer Oberflächenstruktur. Sehr strapazierfähiger Stoff, geeignet für Polsterbezüge und Wandbehänge.

Tüll
Ein feines, durchsichtiges Netz aus Synthetik- oder Baumwollgarn. Franst beim Schneiden nicht aus, geeignet für hauchdünne Vorhänge.

Tweed
Ein locker gewebter Wollstoff mit gutem Isolationsvermögen, was ihn für Vorhänge ideal macht. Hat eine gewisse Feuerbeständigkeit.

Twill (Köper, Feinköper)
Gewebe mit einer diagonalen Struktur, die strapazierfähige Stoffe hervorbringt.

Voile
Voile ist ein leichter, durchsichtiger Stoff, der in der Regel aus Baumwolle besteht. Er ist einfarbig oder gemustert erhältlich, lässt sich gut drapieren und stellt eine gute Alternative zu Tüll dar.

Wattiermaterial
Besteht aus Baumwolle oder Polyester und wird zum Aufarbeiten von Polsterungen und zum Quilten verwendet. In unterschiedlichen Qualitäten erhältlich.

Wolle
Wolle ist weich und lässt sich leicht färben. Sie wird verwendet für Teppiche, Vorhänge, Polsterungen, Decken und als Bettwäsche.

Tischwäsche

Hohlsaumdecke Hier erhält ein einfarbiges Stück Leinen durch das Ausziehen von horizontal und vertikal verlaufenden Gewebefäden ein offenes Karomuster. Mit Perlen verziert wirkt die Tischdecke sehr dekorativ. In dieser einfachen Technik lassen sich auch die passenden Sets dazu herstellen.

Material & Zubehör

Ein locker gewebter Stoff, z.B. aus Leinen

Farblich passendes Baumwollgarn

Horn- oder Miniglasperlen

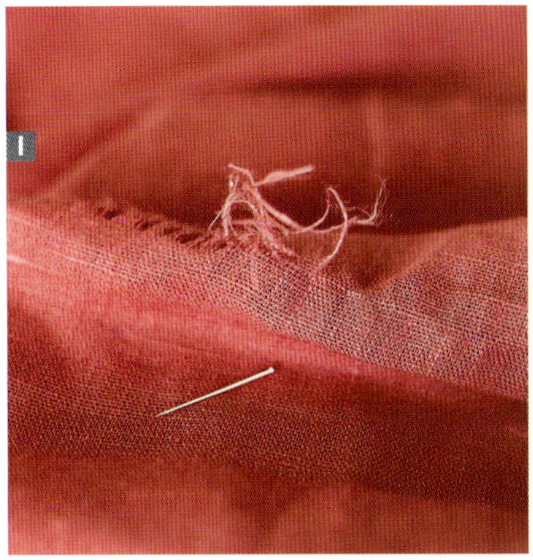

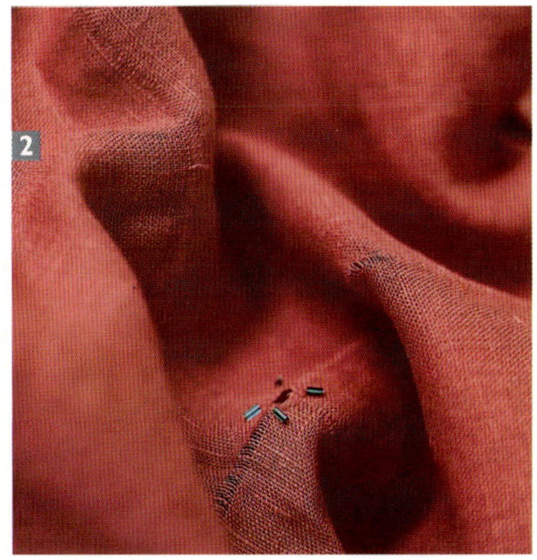

Fransen Sie an einer Stoffkante einige Fäden aus, um festzustellen, wie leicht sich die Fäden aus dem Gewebe ziehen lassen. Wenn dies leicht gelingt, ist der Stoff geeignet. Schneiden Sie das Tuch auf die gewünschte Größe zu; geben Sie ringsherum 1,5 cm Nahtzugabe zu.

Messen Sie entlang der oberen Stoffkante und einer Seitenkante größere, gleichmäßige Abstände ab und markieren Sie diese Punkte jeweils mit einer Stecknadel.

Beginnen Sie an der oberen Stoffkante damit, an jeder Stecknadelmarkierung mithilfe einer Näh- oder Stecknadel vier oder fünf vertikale Kettfäden aus dem Gewebe auszu ziehen. Ziehen Sie die Fäden bis zur unteren Stoffkante aus dem Stoff heraus und achten Sie dabei darauf, dass die horizontalen Gewebefäden nicht beschädigt werden.

Sobald alle gewünschten Gewebefäden ab den Markierungspunkten vertikal ausgezogen sind, verfahren Sie mit den horizontalen Fäden ebenso. Siehe 1.

Säumen Sie die Tischdecke an allen vier Seiten, damit das Gewebe nicht ausfranst.

Verzieren Sie jede Stelle, an der sich die Linien der ausgezogenen Fäden kreuzen, mit einer oder zwei aufgenähten Horn- oder Miniglasperlen in jeder Ecke, wie auf Seite 155 beschrieben. Siehe 2.

Sets mit Seidenrand Diese eleganten Platzsets mit Seideneinfassung eignen sich ideal für Weihnachten und andere Festlichkeiten. Sie können Sie mit Ihrem Monogramm oder den Initialen Ihrer Familienangehörigen und Freunde noch persönlicher gestalten. Für ein unkompliziertes Essen am Küchentisch können Sie Sets aus Gingham mit Kreuzstichmotiven verzieren.

Material & Zubehör
Für sechs Sets:

1 m x 1,5 m Leinen

1 m x 1,5 m Seide

Auswaschbarer Stoffstift

Farblich passendes Baumwollgarn

Stickgarn

Schneiden Sie für jedes Set jeweils aus Leinen und Seide ein 41 cm x 41 cm großes Quadrat zu.

Schneiden Sie aus dem Seidenquadrat die Mitte so heraus, dass Sie einen 5 cm breiten Rand erhalten.

Legen Sie den Seidenrand mit der rechten Seite auf die linke Seite des Leinenquadrates. Stecken, heften und nähen Sie die Teile mit einer Nahtzugabe von 1 cm an der Außenkante zusammen. Versäubern Sie die Außenkante und wenden Sie den Seidenrand dann auf die rechte Seite des Leinensets.

Schlagen Sie die Innenkante der Seide 1 cm breit ein und schneiden Sie innerhalb der 1 cm breiten Zugabe die Ecke ein. Stecken und heften Sie den Einschlag und übersteppen oder befestigen Sie ihn mit Staffierstichen (siehe Seite 152) entlang der Kante.

Zeichnen Sie mit dem Stoffstift ein Monogramm oder eine Initiale in eine Ecke des Tischsets. Sticken Sie das Monogramm oder die Initiale mit geradem Flachstich auf (siehe Seite 153), indem Sie weißes Garn oder eines in einer kontrastierenden Farbe verwenden.

Tischläufer Dieser Läufer aus altem Linnen mit einem Spitzeneinsatz ist ideal, um einen Kiefernholztisch herauszuputzen. Ein Spitzendeckchen wurde in der Mitte durchgeschnitten und je eine Hälfte an ein Ende des Läufers gesetzt. Mit Spitzenstreifen ist die Arbeit noch leichter.

Material & Zubehör

Weißes Antikleinen

Spitze oder Spitzendeckchen

Auswaschbarer Stoffstift

Weißes Baumwollgarn

Schneiden Sie das Leinen auf die gewünschte Länge und Breite zu und geben Sie für den Saum in der Breite 3 cm dazu. Wenn die Spitze auf den Tisch zu liegen kommen soll, schneiden Sie den Stoff exakt auf die Tischlänge zu. Soll sie überhängen, schneiden Sie den Stoff länger zu. Säumen Sie die Längsseiten.

Schneiden Sie das Deckchen mittig durch. Setzen Sie eine Hälfte mit der Schnittkante auf die Schnittkante des Läufers. Zeichnen Sie mit auswaschbarem Stoffstift die Umrisse des Deckchens auf den Stoff. Verfahren Sie ebenso am anderen Ende des Läufers. Siehe 1.

Schneiden Sie den Leinenstoff innerhalb der aufgezeichneten Konturen aus und nehmen Sie das Deckchen ab. Versäubern Sie die Kante im Leinenstoff mit Zickzackstich bei kleiner Stichlängeneinstellung, damit sie nicht ausfranst. Verfahren Sie am anderen Ende ebenso.

Setzen Sie die Spitze so ein, dass ihre Umrisse mit der soeben versäuberten Naht übereinstimmen. Stecken, heften und nähen Sie die Spitze fest. Wiederholen Sie diesen Arbeitsgang am anderen Ende des Läufers. Siehe 2.

Schneiden Sie ein etwa 30 cm langes Stück Leinen von der Breite des Läufers mit rundum 1,5 cm Nahtzugabe zu. Es dient als Randabschluss, damit die Spitze nicht ausfranst. Falten Sie es rechts auf rechts zusammen und nähen Sie die beiden kurzen Seiten bis 1,5 cm unterhalb des oberen Rands zusammen. Bügeln Sie die beiden Nähte und wenden Sie das Teil.

Schlagen Sie die oberen Kanten 1,5 cm breit nach innen ein und bügeln Sie sie. Schieben Sie die unversäuberte Kante der Spitze in diese Tasche. Stecken, heften und nähen Sie sie fest. Siehe 3. Am anderen Ende wiederholen.

Tischläufer Sie können diesen Läufer aus verschiedenen Stoffarten nähen. In eine moderne Wohnung passt ein Stück grauer Filz, das an den Enden mit gestrickten oder gehäkelten Spitzenmotiven verziert werden kann. Experimentieren Sie mit Farbkontrasten. Vielleicht färben Sie ein Baumwollspitzendeckchen hellrosa oder nehmen schwarzes Leinen oder schwere limettengrüne Baumwolle für den Läufer. Die Spitzendeckchen müssen nicht unbedingt nur an den Enden des Läufers sitzen. Man kann kleinere Kreise oder Quadrate aus Spitze hier und da auf dem Läufer verteilen – auch dies kann sehr dekorativ aussehen.

Kissen

Sitzsack aus weißem Denim Denim ist ein ausgezeichneter Stoff für Sitzkissen, denn er ist strapazierfähig und gut waschbar. Er hat einen recht steifen Griff – entscheiden Sie sich daher für Gegenstände mit einfachen Formen, die sich leicht durch Ihre Nähmaschine führen lassen.

Material & Zubehör

4 m x 1,5 m weißer Denim

Schnur

Reißnagel

Bleistift

Langer, starker Reißverschluss

4 m x 1,5 m Kattun- oder Baumwollstoff für den Innensack

Farblich passendes Baumwollgarn

Polystyrolkügelchen

Schneiden Sie aus dem Denim mithilfe von Schnur und Reißnagel einen Kreis mit 135 cm Durchmesser und rundum 1,5 cm Nahtzugabe zu. Siehe 1.

Für die Unterseite schneiden Sie aus Denim zwei Halbkreise mit einem Radius von 67,5 cm zu und geben Sie ringsherum 1,5 cm als Nahtzugabe hinzu. Schlagen Sie diese entlang der Reißverschlusskante ein. Nähen Sie entlang der Nahtzugabe bis zur Reißverschlussöffnung beide Halbkreise mit einer Doppelnaht zusammen.Steppen Sie den Reißverschluss fest.

Fertigen Sie aus dem restlichen Stoff einen 425 x 25 cm großen Einsatzstreifen zuzüglich 1,5 cm Nahtzugabe an. Stecken Sie dieses Seitenteil rechts auf rechts ringsherum an das obere Teil des Bezugs und steppen Sie die Teile mit einer Doppelnaht zusammen. Siehe 2.

Befestigen Sie das untere Teil unten am Seitenteil. Steppen Sie eine Doppelnaht, bügeln Sie die Nähte und wenden Sie den Bezug.

Fertigen Sie aus Kattun oder Baumwolle in der gleichen Weise ein Innenkissen an, jedoch ohne Reißverschluss, aber mit einer Öffnung. Schieben Sie das Innenkissen so in den Außenbezug, dass die Öffnung des Innenkissens beim Reißverschluss zu liegen kommt. Füllen Sie das Innenkissen mit Polystyrolkügelchen und schließen Sie die Öffnung mit Staffierstichen. Siehe 3.

Sofakissen Das Projekt eignet sich gut, um Stoffreste zu verwerten. Wählen Sie ganz unterschiedliche Stoffe aus. Bei diesem Kissenbezug verdecke ich die Nähte mit Seidenbändern und schaffe gleichzeitig dadurch Teilflächen. Mit einer Knopfreihe ist das aber ebenso möglich.

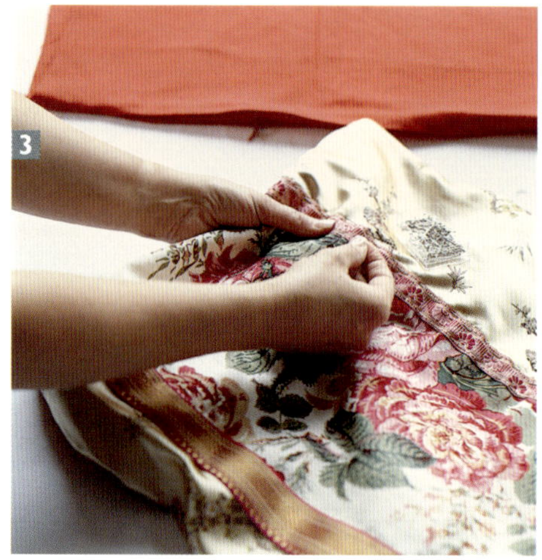

Material & Zubehör

50 cm lange Stoffreste für die Vorderseite und genug Stoffstücke, um die Breite (50 cm) zu bedecken

50 cm x 50 cm farblich passender, unifarbener Stoff für die Kissenrückseite

2 Seidenbänder, je 50 cm lang

35 cm langer Reißverschluss

Farblich passendes Baumwollgarn

45 cm x 45 cm großes Kissenpolster

Messen Sie Ihr Kissen aus und teilen Sie die Breite in drei unterschiedlich große Maße für die verschiedenen Stoffflächen plus 1,5 cm für Nahtzugaben. Schneiden Sie die Stoffteile in der gewünschten Länge mit 1,5 cm Nahtzugabe zu. Siehe 1.

Wählen Sie für die Kissenrückseite einen einfarbigen Stoff und schneiden Sie daraus zwei Teile zu – sie sollten je der halben Kissenbreite plus 1,5 cm Nahtzugabe entsprechen.

Der Reißverschluss sollte 8–10 cm kürzer sein als die Kissenlänge, dann lässt sich das Polster leicht aus dem Bezug nehmen. Dazu steppen Sie die beiden Rückenteile von den Enden her rechts auf rechts zusammen und lassen in der Mitte eine Öffnung für den Reißverschluss. Bügeln Sie die Naht auseinander und legen Sie den Reißverschluss in die Öffnung. Stecken, heften und steppen Sie den Reißverschluss fest. Siehe 2.

Für die Kissenvorderseite nähen Sie die drei Stoffreste zusammen und bügeln Sie die Nähte flach. Stecken, heften und steppen Sie die Bänder über die Nähte. Siehe 3.

Legen Sie die Kissenvorder- und Kissenrückseite nun rechts auf rechts zusammen. Nähen Sie die Teile rundherum zusammen. Schneiden Sie die Ecken zurück, bügeln Sie die Nähte flach auseinander und wenden Sie den Bezug. Schieben Sie das Kissenpolster hinein.

Kissen mit Perlen und Pailletten Ein mit Pailletten und Perlen verzierter Kissenbezug verbreitet einen bezaubernden Glamourlook. Stoffe mit floralen Mustern eignen sich für dieses Projekt ebenso gut wie ein geometrisches Design oder Damast. Soll das Kissen regelrecht schimmern, so schmücken Sie einen flauschigen Mohair- oder Strickbezug mit Pailletten- und Perlenreihen.

Material & Zubehör

50 cm gemusterter Stoff

Pailletten und Perlen

Farblich passendes Baumwollgarn

30 cm langer Reißverschluss

30 cm x 40 cm großes Kissenpolster

Schneiden Sie passend zum Kissenpolster ein Kissenvorderteil mit ringsherum 1,5 cm Nahtzugabe zu. Schneiden Sie zwei Teile für die Kissenrückseite zu – sie sollten die gleiche Länge wie das Kissen haben und halb so breit sein sowie ringsherum eine 1,5 cm breite Nahtzugabe haben.

Nähen Sie wie auf Seite 155 beschrieben auf dem Vorderteil Pailletten und Perlen in verstreuter Anordnung auf. Dabei kann das Stoffmuster aufgenommen oder betont werden.

Nähen Sie die Rückenteile des Bezugs rechts auf rechts zusammen, indem Sie jeweils 6,5 cm von den Enden der Längskante aus in Richtung Mitte nähen und in der Mitte eine Öffnung für den Reißverschluss lassen. Bügeln Sie die Naht auseinander und legen Sie den Reißverschluss in die Öffnung ein. Stecken, heften und steppen Sie ihn fest.

Stecken Sie die Kissenvorderseite und Kissenrückseite rechts auf rechts mit Stecknadeln zusammen. Nähen Sie die Teile rundherum zusammen. Schneiden Sie die Ecken zurück, bügeln Sie die Nähte auseinander und versäubern Sie die Kanten mit Zickzackstich, damit sie nicht ausfransen. Wenden Sie den Kissenbezug durch die Reißverschlussöffnung auf die rechte Seite und schieben Sie das Polster hinein.

Sitzwürfel Besonders gut eignen sich Sitzwürfel für kleine Räume. Sie nehmen nicht viel Platz in Anspruch und fungieren als stilvolle Sitzgelegenheit. Für den Sitzwürfelbezug habe ich einen velours- oder wildlederartigen Stoff in Schokobraun verwendet, der zur Einrichtung passt. Boucléwolle oder Filz in Grau, Rot oder Schwarz sehen ebenfalls fantastisch aus.

Material & Zubehör

1,5 m velours- oder wildlederartiger Stoff

40 cm x 40 cm x 40 cm großer Schaumstoffwürfel

Farblich passendes Garn

Schneiden Sie vier Seitenteile in der Größe des Würfels sowie ein Oberteil als Sitzfläche und ein Unterteil als Boden mit 1,5 cm Nahtzugabe zu.

Nähen Sie die vier Seitenteile rechts auf rechts zusammen, sodass eine Röhre entsteht. Nähen Sie dabei jede Naht oben und unten nur bis 1,5 cm vor dem Ende zusammen.

Legen Sie die oberen Kanten der Seitenteile rechts auf rechts mit der Sitzfläche zusammen. Nähen Sie alle vier Seiten mit der Sitzfläche zusammen und bügeln Sie die Nähte flach. Schneiden Sie die Ecken gegebenenfalls zurück.

Nähen Sie in der gleichen Weise den Boden rechts auf rechts nur an ein Seitenteil. Bügeln Sie die Naht flach. Wenden Sie den Bezug mit der rechten Seite nach außen.

Ziehen Sie den Bezug auf den Würfel und schlagen Sie die Nahtzugabe auf den noch offenen drei Seiten nach innen ein. Stecken Sie den Bezug mit Stecknadeln zusammen und nähen Sie ihn mit Staffierstichen (siehe Seite 152) zu.

Schlafzimmer-accessoires

Steppdecke Holen Sie sich mit dieser Decke etwas Romantik ins Schlafzimmer. Ich habe Seidensatin gewählt, dessen Glanz eine bezaubernde Stimmung verbreitet. Falls Sie ein teures Obermaterial verwenden, können Sie für die Unterseite etwas sparsamer sein, indem Sie baumwollenen Betttuchstoff einsetzen.

Material & Zubehör

Für eine 2 m x 2 m große Steppdecke benötigen Sie:

8,5 m Seide für Ober- und Unterstoff

4,5 m Wattiermaterial (100 g oder 200 g, je nach Dicke Ihrer Decke)

4,2 m Futterstoff

Farblich passendes Nähmaschinengarn und dunkleres Seidenstickgarn

Stahllineal und Schneiderkreide

1

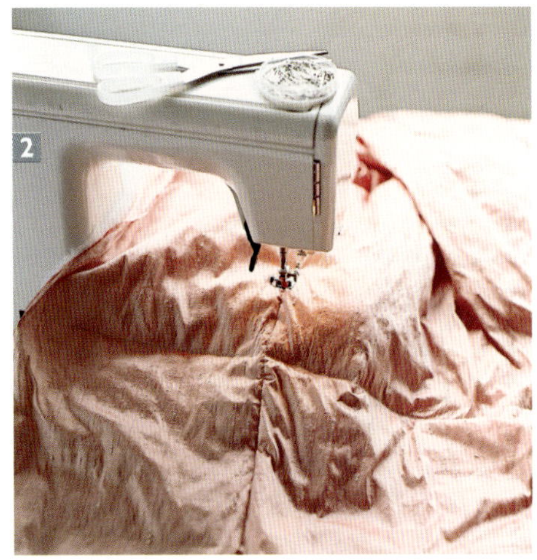

2

Messen Sie das Bett aus, um Länge und Breite der Decke zu berechnen. Geben Sie ringsherum 4 cm Nahtzugabe zu. Wenn der Stoff breit genug liegt, können Sie die Ober- und die Unterseite der Decke daraus zuschneiden. Andernfalls teilen Sie das gewünschte Breitenmaß durch vier und schneiden acht Stoffteile in dieser Breite mit 4 cm Nahtzugabe ringsherum zu. Nähen Sie für die Oberseite der Decke vier Teile zu einem großen Teil zusammen. Wiederholen Sie diesen Arbeitsgang, um die Unterseite der Decke anzufertigen.

Teilen Sie das gewünschte Breitenmaß durch vier. Schneiden Sie vier Teile Wattierung in dieser Breite und in der Länge des Oberstoffes zuzüglich 4 cm für die Nahtzugaben zu. Setzen Sie die Teile durch Übersteppen zusammen.

Schneiden Sie den Futterstoff in der Größe der Steppdecke mit ringsherum 4 cm Nahtzugabe zu.

Markieren Sie auf der rechten Seite des Oberstoffs mithilfe eines langen Stahllineals mit Schneiderkreide die Nahtlinien und das Steppgitter.

Legen Sie das Wattiermaterial zwischen den Oberstoff und den Futterstoff. Heften Sie die drei Lagen an den Kanten und diagonal über die Mitte zusammen, damit beim Nähen nichts verrutscht. Siehe 1.

Nähen Sie an den Kreidelinien des Gitters entlang, mit Rückstichen (siehe Seite 152) oder mit der Nähmaschine. Siehe 2.

Ziehen Sie die Heftstiche heraus und schneiden Sie überstehendes Wattiermaterial zurück.

Legen Sie nun den Stoff für die Unterseite des Quilts rechts auf rechts auf die gesteppte Oberseite der Decke. Stecken Sie die beiden Stofflagen aneinander und nähen Sie sie rundherum, bis auf eine Öffnung, zusammen. Bügeln Sie die Nähte und schneiden Sie die Ecken zurück. Wenden Sie den Quilt. Schlagen Sie die unversäuberten Kanten der Öffnung nach innen ein und schließen Sie sie mit Staffierstichen (siehe Seite 152).

Gepolsterter Kleiderbügel Zarte Kleidungsstücke, wie Kaschmirjacken und Seidenkleider, hängt man am besten auf einen gepolsterten Kleiderbügel. Ein hölzerner Bügel, den man wattiert und mit jacquardgewebter Seide bezieht und dann mit selbst gemachten Paillettenblumen verziert, wird zu einem Augenschmaus.

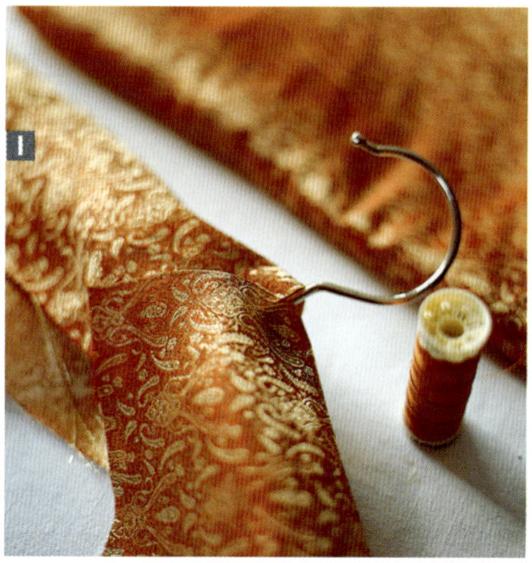

Material & Zubehör

Kleiderbügel aus Holz

20 cm Wattiermaterial (50 g oder 100 g)

30 cm Stoff

5 cm x 5 cm steifen Tüll (optional)

Farblich passendes Baumwollgarn

Pailletten mit außermittigem Loch

Farblich passende Miniperlen und längliche Perlen

Wickeln Sie die Wattierung um den Kleiderbügel und heften oder binden Sie sie lose zusammen. Achten Sie darauf, dass sich auf beiden Seiten gleich viel Material befindet.

Falten Sie den Stoff in der Mitte zusammen und legen Sie den Bügel darauf. Schneiden Sie dann den Stoff grob nach der Form des Bügels zu. Bringen Sie auf einer Stoffseite mittig einen Einschnitt für den Haken an und schlagen Sie den Stoff um den Bügel. Siehe 1.

Schlagen Sie die unversäuberten Stoffkanten nach innen ein. Heften und nähen Sie sie mit Staffierstichen (siehe Seite 152) zusammen. Die Naht sollte auf die Unterseite des Bügels zu liegen kommen.

Für die Paillettenblumen schneiden Sie ein kleines Quadrat aus Stoff oder Tüll zu und nähen Sie die Pailletten darauf. Jede einzelne Paillette sichern Sie mit einer Miniperle, die Sie auf die Paillette auffädeln. Befestigen Sie in derselben Weise einen weiteren Paillettenkranz auf dem ersten. Siehe 2.

Falten Sie drei Pailletten mittig. Befestigen Sie diese Pailletten in der Mitte des Stoffkreises und sichern Sie jede einzelne mit einer Miniperle, einer länglichen Perle und einer weiteren Miniperle. Sichern Sie die Perlen, indem Sie die Nadel nur durch die längliche Perle und die untere Miniperle zurückführen und die obere dazu benutzen, alle Teile festzuhalten. Siehe 3.

Bettschal Der Bettschal ist kleiner als ein Bettüberwurf. Er ist eher ein großer Schal, den man sich im Bett umlegt oder dann, wenn man es sich zu Hause gemütlich macht. Froh über einen Bettschal ist man auch nachts, wenn es einen fröstelt. Dieser Schal aus luxuriösem Pashmina mit Seideneinfassung ist zusammengefaltet in seiner Größe kaum der Rede wert und daher auch der ideale Reisebegleiter.

Material & Zubehör

1,5 m Pashmina oder eine Bahn weichen Wollstoffs, wie z.B. Kaschmir

1,8 m gemusterte Seide

Farblich passendes Seidengarn

Schneiden Sie das Pashmina-Material auf die gewünschte Größe eines Rechtecks zu. Schneiden Sie für die beiden Längsseiten aus Seide mit 1,5 cm Nahtzugabe zwei 23 cm breite Randstreifen auf die Länge des Pashminas zu. Schneiden Sie für den oberen und unteren Rand des Schals ebenfalls aus Seide und ebenfalls mit 1,5 cm Nahtzugabe zwei 23 cm hohe Randstreifen zu, deren Breite der Breite des Pashminas plus 23 cm entspricht.

Falten Sie jeden Längsstreifen links auf links auf die Hälfte zusammen. Schlagen Sie jeweils an der offenen Längskante die 1,5 cm breiten Nahtzugaben nach innen ein. In Form bügeln.

Falten Sie die Längsstreifen und die eingeschlagenen Kanten wieder auseinander und legen Sie sie mit der rechten Seite nach oben flach auf Ihre Arbeitsfläche. Legen Sie nun eine Längsseite des Pashminas bündig und rechts auf rechts auf die Kante eines seidenen Längsstreifens und nähen Sie sie fest. Schlagen Sie nun die Seideneinfassung um die Kante des Pashminas herum, sodass die rechte Stoffseite der Seide zu sehen ist. Heften Sie sie und nähen Sie sie anschließend fest. Wiederholen Sie diesen Arbeitsgang auf der anderen Längsseite des Schals.

Setzen Sie die kurzen Randstreifen in der gleichen Weise an. Lassen Sie rechts und links 1,5 cm des Randstreifens offen. Schlagen Sie die offenen Enden nach innen ein und schließen Sie die Öffnung mit Staffierstichen (siehe Seite 152).

Wärmflasche Dieser taktile und behagliche Wärmflaschenbezug ist das Richtige für kalte Winternächte. Sofern Sie keinen Webpelz mögen, können Sie gequiltete Seide, Fleece oder Samt in warmen Farben verwenden. Binden Sie den Bezug am Flaschenhals mit Band, Kordel oder gar Schuhriemen zusammen.

Material & Zubehör

50 cm x 50 cm Webpelz

Wärmflasche

50 cm Band als Zugband

16 cm x 50 cm Seidenfutter

Farblich passendes Garn

Stahllineal und Schneiderkreide

Legen Sie den Webpelz rechts auf rechts längs auf die Hälfte zusammen. Legen Sie die Wärmflasche so darauf, dass die rechte Flaschenseite 2 cm innerhalb der Bruchlinie liegt. Schneiden Sie den Stoff am Boden und an der linken Flaschenseite mit 1,5 cm Nahtzugabe sowie oben mit 4 cm Nahtzugabe zu. Siehe 1.

Schneiden Sie als Futter für den Flaschenhals ein Stück Seide mit einer Nahtzugabe von 1,5 cm zu.

Säumen und bügeln Sie die untere lange Kante des Futters. Stecken Sie dann die obere lange Kante des Seidenfutters rechts auf rechts mit Stecknadeln an die obere Kante des Webpelzes. Stecken Sie das Futter an den Seiten, 4 cm von der oberen Kante nach unten gemessen, mit dem Webpelz zusammen und steppen Sie sie mit 1,5 cm Nahtzugabe. Wenden Sie die rechten Seiten nach außen.

Schlagen Sie die Nahtzugabe des offen gelassenen Futters an beiden Seiten ein. Lassen Sie rechts und links eine 3 cm hohe Öffnung für den Tunnelzug frei, während Sie das restliche Futter mit Staffierstichen an die Innenseite nähen.

Für den Tunnelzug markieren Sie mithilfe des Stahllineals und der Schneiderkreide auf dem Futter zwei parallele Linien im Abstand von 3 cm. Nähen Sie Futter und Webpelz auf diesen Linien zusammen. Siehe 2.

Falten Sie den Bezug längs und rechts auf rechts auf die Hälfte. Steppen Sie entlang des Bodens und der Seite nach oben, wobei Sie die 3 cm für den Tunnelzug offen lassen. Versäubern Sie die Kanten und bügeln Sie sie auseinander. Schlagen Sie die unversäuberten Kanten des Futters am Tunnel ein und fixieren Sie den Saum mit Staffierstichen.

Wenden Sie den Bezug. Schlagen Sie die unversäuberten Kanten des Webpelzes am Tunnelzug ein und fixieren Sie sie mit Staffierstichen. Ziehen Sie das Band durch den Tunnel.

Stecken Sie die Wärmflasche in den Bezug, ziehen Sie das Zugband stramm und binden Sie es mit einer Schleife fest.

Duftsäckchen Bringen Sie mit selbst gemachten Lavendelsäckchen Duft in Ihren Wäscheschrank. Sie werden zu einem reizenden Geschenk, wenn Sie den Namen Ihrer Freundin oder eine Botschaft darauf sticken. Wenn sie im Schrank aufgehängt werden sollen, nähen Sie eine Bändchenschlaufe daran, damit sie an einem Bügel oder Haken baumeln können.

Material & Zubehör

20 cm Gingham oder ähnlicher Baumwollstoff

Anders gemusterter Leinen- oder Baumwollstoff für das Motiv

Stickgarn

Farblich passendes Baumwollgarn

Zickzackschere

Band

Getrocknete Lavendelblüten

Schneiden Sie mit der Zickzackschere aus dem Gingham zwei herzförmige Stoffteile aus.

Zeichnen Sie auf ein anders gemustertes Stück Stoff eine kleinere Herzform. Sticken Sie mit Stickgarn Knötchenstiche darauf (siehe Seite 153). Schneiden Sie das Herz mit der Zickzackschere aus.

Stecken Sie die kleine Herzform mit Stecknadeln mittig auf das große herzförmige Stoffstück und nähen Sie sie anschließend mit Rückstichen (siehe Seite 152) darauf fest.

Stecken Sie die beiden großen Herzformen mit Stecknadeln links auf links zusammen. Legen Sie das Band zu einer Schlaufe, schieben Sie die Enden in die Vertiefung am oberen Rand des Herzens und stecken Sie sie mit Stecknadeln fest. Nähen Sie die Teile mit Stickgarn und Rückstichen zusammen, doch lassen Sie eine kleine Öffnung. Füllen Sie das Säckchen mit Lavendel und nähen Sie dann die Öffnung zu.

Schuhbeutel Ganz einfach sind diese Schuhbeutel zu machen – sie sind praktisch für die Reise oder um Schuhe paarweise auf dem Boden des Kleiderschranks zu verstauen. Wenn Sie den Beutel größer nähen, dient er auch als Wäschebeutel oder Proviantsack.

Material & Zubehör

70 cm Baumwollstoff

Farblich passendes Garn

Kordel als Zugband

Schneiderkreide oder auswaschbarer Stoffstift

Schneiden Sie zwei Stoffstücke von je 50 cm x 30 cm mit rundum 1,5 cm Nahtzugabe zu, eines für das Futter und eines für den Außenbeutel. Falten Sie beide Teile auf die Hälfte (25 cm x 30 cm). Bügeln und falten Sie sie wieder auseinander.

Legen Sie das Futter und den Außenbeutel mit den rechten Seiten aufeinander und nähen Sie eine lange Seite zusammen. Falten und bügeln Sie die Teile auseinander.

Lassen Sie den Stoff auseinander geklappt und falten Sie jeweils das Futter und den Außenbeutel rechts auf rechts auf die Hälfte. Die genähte Naht liegt in der Mitte, das Futter auf der einen und der Außenbeutel auf der anderen Seite der Naht. Die Naht wird später die Oberkante des Beutels bilden.

Stecken Sie auf dem Außenbeutel 4 cm parallel zur mittleren Naht eine Stecknadel als Markierung ein. Lassen Sie eine 1,5 cm breite Lücke und markieren Sie diese Stelle mit einer weiteren Stecknadel. Dies wird der Tunnel für die Zugkordel. Siehe 1.

Stecken und steppen Sie entlang der unteren Kante des Außenbeutels und entlang der Längskante bis zur unteren Markierung den Stoff zusammen. Lassen Sie 1,5 cm für den Tunnelzug offen und nähen Sie den Außenbeutel und dann das Futter entlang der restlichen Längskante zusammen. Steppen Sie den unteren Futterrand und lassen Sie eine 6 cm große Öffnung frei, durch die Sie den Beutel nun wenden. Siehe 2. Schließen Sie die Öffnung im Futterstoff mit Staffierstichen und schieben Sie das Futter in den Außenbeutel.

Zeichnen Sie z.B. mit Schneiderkreide die beiden parallelen Linien für den Tunnelzug. Die erste Linie verläuft 4 cm unterhalb des oberen Beutelrands und die zweite 1,5 cm unterhalb der ersten Linie, auf der Höhe der Öffnungen in der Seitennaht des Außenbeutels. Steppen Sie entlang der Linien Nähte ab.

Ziehen Sie die Kordel zweimal durch den Tunnel; geben Sie weitere 20 cm hinzu. Versäubern Sie die Öffnungen mit Staffierstichen.

Textilkunst

GRAHAM GREENE
The Quiet American
G.P. TAYLOR
CHARLES HANDY
the hungry spirit
THE COWBOYS
Lartigue's Riviera

Segeltuch-Leinwand Stellen Sie Ihre abstrakten Kunstwerke selbst her! Bespannen Sie dazu einen Bilderrahmen mit einem gemusterten Stoff und verzieren Sie ihn mit Druckmotiven oder Stickereien, die Sie mit der Nähmaschine oder von Hand fertigen.

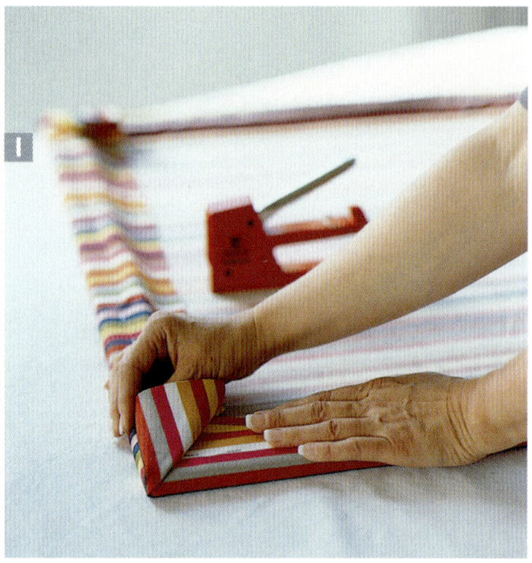

Material & Zubehör

100 cm x 70 cm großer Bilderrahmen oder Spanner (aus dem Künstlerbedarf)

1,2 m Streifenstoff

Tacker

Farbiger Filz

Karton

Auswaschbarer Stoffstift

Textilklebstoff

Stickgarn

Setzen Sie den Bilderrahmen oder den Spanner zusammen.

Schneiden Sie den Stoff so zu, dass er auf allen Seiten mindestens 10 cm breiter ist als der Rahmen. Legen Sie den Stoff mit der linken Seite nach oben auf eine Arbeitsfläche und legen Sie den Rahmen mittig darauf.

Achten Sie darauf, dass das Muster gerade verläuft und tackern Sie den Stoff auf die Mitte einer Rahmenrückseite. Ziehen Sie den Stoff stramm und tackern Sie ihn auf der Mitte der gegenüberliegenden Seite fest. Verfahren Sie ebenso auf den beiden anderen Seiten und tackern Sie die Ecken fest. Dabei sollten Sie den Stoff in gleichmäßiger Spannung halten.

Falten Sie den losen Stoff an den Ecken jeweils zu einem Dreieck zusammen und ziehen Sie die obere Spitze nach unten. Tackern Sie die Falte fest. Schneiden Sie die Stoffkanten auf die Rahmeninnenkante zurück. Siehe 1.

Stellen Sie Kartonschablonen für Filzblumen her und schneiden Sie die Blumen aus. Siehe 2.

Kleben Sie die Blumen mit Textilklebstoff nach Belieben auf die Leinwand.

Sticken Sie aus Stickgarn mit Rückstichen (siehe Seite 152) Verbindungslinien zwischen den Blumen auf. Siehe 3.

Bedruckter Wandbehang Dieser einfache Wandbehang bringt Farbe an eine monochrome Wand. Achten Sie darauf, dass der Stoff Ihrer Wahl für Stoffdruckfarben geeignet ist. Die einfachste und sauberste Druckmethode bilden vorgefertigte Schablonen aus Azetat, die wieder verwendet werden können.

Material & Zubehör

1,8 m x 1,2 m Baumwollstoff für den Wandbehang,

50 cm x 60 cm Baumwollstoff für den Stoffaufsatz in der Mitte

Schablonen mit großen und kleinen Mustern

Stoffdruckfarbe und Schablonenpinsel

Stickgarn

Bändchen oder Einfassungsband

Kreppklebeband oder leichter Sprühkleber

Machen Sie zuerst einen Probedruck.

Waschen und bügeln Sie die Stoffstücke. Säumen Sie alle Seiten. Breiten Sie eine Plastikdecke auf einem Tisch aus und klemmen Sie das größere Stoffteil mit Zwingen fest.

Befestigen Sie die Schablone dort, wo das Muster beginnen soll, mit Kreppklebeband oder einem leichten Sprühkleber und markieren Sie die Ecken dieser Fläche mit Stecknadeln. Falls Sie eine große Fläche mit ein und demselben Motiv bedrucken, sollten Sie von der Stoffmitte ausgehend nach außen arbeiten.

Geben Sie die Farbe auf eine alte Untertasse. Tauchen Sie den Pinsel zu einem Drittel in die Farbe und streichen Sie ihn auf einem Stoffrest etwas ab. Bringen Sie die Farbe mit tupfenden Bewegungen nach und nach durch die Schablone auf den Stoff auf. Siehe 1.

Lassen Sie die Farbe kurz trocknen, bevor Sie die Schablone abheben und das Anschlussmuster malen. Orientieren Sie sich beim Positionieren der Schablone für die nächste Musterfläche an den Stecknadeln. Wiederholen Sie diesen Arbeitsgang so lange, bis das gewünschte Gesamtmuster fertig gestellt ist.

Klemmen oder kleben Sie den Stoff für den Aufsatz, der in der Mitte des Wandbehangs angebracht wird, fest und malen Sie das großformatige Motiv mithilfe der Schablone auf.

Bügeln Sie beide Stoffteile gemäß der Gebrauchsanweisung für die Farbe.

Nähen Sie den Aufsatz mit Zickzackstich auf den Behang. Fassen Sie den Aufsatz mit Band ein, das Sie mit Staffierstichen festnähen.

Versäubern Sie die Stoffkanten des Wandbehangs mit Langettenstichen (siehe Seite 154).

Bringen Sie zum Aufhängen zwei oder drei Bändchen oder Einfassungsbänder am oberen Rand der Rückseite an. Siehe 2.

Wandbehänge sind taktiler als gerahmte Bilder und im Großformat einfach herzustellen. Sie sind daher eine gute Möglichkeit, um Farbe und Struktur in einen Raum zu bringen. Am einfachsten fertigen Sie einen Wandbehang aus einem Stück Ihres Lieblingsstoffes, den Sie mit farblich passendem Band oder Borte einfassen und anschließend mit Schlaufen an Haken befestigen. Eine moderne Aufhängemöglichkeit sind Metallösen, die in den Stoff gestanzt werden.

Falls Ihnen ein mit Schablonen bedruckter Stoff nicht gefällt, können Sie auch Stoffteile mit strukturierter Oberfläche zusammensetzen und sie virtuos mit Stickerei verzieren. Alternativ kann man ein Blattmotiv oder ein anderes von der Natur inspiriertes Muster auf den Stoff applizieren. Bleiben sie bei einfachen Motiven und denken Sie daran: Weniger ist mehr.

Vorhänge & Rollos

Raffrollo Das Raffrollo ist eine der wirkungsvollsten Fensterdekorationen. Wählen Sie einen einfarbigen oder dezent gemusterten Stoff und bringen Sie den unteren Rollorand mit überlappenden Paillettenreihen zum Schimmern. Raffrollos eignen sich auch gut für kleine Fenster. Falls Sie einen schweren Stoff

Material & Zubehör

Z.B. Baumwollstoff

Farblich passendes Garn

Pailletten

Dünne Holzstäbe von der Breite des Rollos, für breite Fenster oder schweren Stoff

2,5 cm x 2,5 cm Kantholz von der Breite des Rollos

Zwei Schraubenösen

Rolloringe

Schnur

Knopfgriff für die Schnur

Doppelhaken mit Befestigungsschrauben

Sprühstärke

Tacker

Bohrer und Vorstechahle

Nehmen Sie Maß

Zunächst messen Sie die Fertiggröße des Rollos. Zur Berechnung des Stoffverbrauchs bestimmen Sie die Anzahl der Falten, die das Rollo wirft, indem Sie die Fertiglänge durch 20 dividieren. Zur Fertiglänge addieren Sie pro Falte 1 cm sowie 7 cm für die Biegungen. Geben Sie auch zur Breite 4 cm für die Biegungen hinzu.

Die Herstellung des Rollos

Schneiden Sie den Stoff einschließlich der Nahtzugaben zu und schlagen Sie ihn an den langen Seiten, mit der linken Stoffseite nach oben liegend, zweimal ein, sodass ein 1 cm breiter Saum entsteht. Bügeln, stecken, heften und steppen Sie den Saum.

Erzeugen Sie in der gleichen Weise an der unteren Stoffkante einen 1,5 cm breiten Doppelsaum und lassen Sie ein Ende für den Tunneleinzug des dünnen Holzstabes offen.

Legen Sie den Stoff mit der linken Stoffseite nach oben hin und ermitteln Sie die Position der ersten Falte, indem Sie von beiden unteren Ecken aus 24 cm nach oben abmessen und diese Stellen rechts und links markieren. Ermitteln Sie die Positionen aller weiteren Falten, indem Sie die restliche Rollofläche in gleiche, etwa 20 cm breite, horizontale Abschnitte teilen und markieren. Messen Sie immer von den unteren Stoffecken aus.

Legen Sie die erste, untere Falte rechts auf rechts in Form und orientieren Sie sich dabei an den Markierungen. Bügeln Sie den Bruch mit Sprühstärke, damit ein deutlicher Kniff entsteht. Steppen Sie mit der Maschine 5 mm parallel zum Bruch eine Naht. Falls der Stoff sehr schwer ist oder das Fenster sehr breit, müssen Sie jede Falte mit einem dünnen Holzstab verstärken. Fahren Sie mit dem Legen der Falten wie folgt fort: Jeweils im Abstand von 20 cm zur vorherigen Falte legen Sie die nächste rechts auf rechts in Form. Stärken, bügeln und nähen Sie anschließend parallel zur markierten Linie einen Tunnel, wie zuvor verwenden oder das Rollo mit einer Menge Pailletten verzieren wollen, müssen Sie in den Tunnel jeder einzelnen Rollofalte einen dünnen Holzstab einsetzen, damit die Falten in der Mitte nicht durchhängen. Obwohl dies zusätzliche Zeit verlangt, lohnt sich der Aufwand.

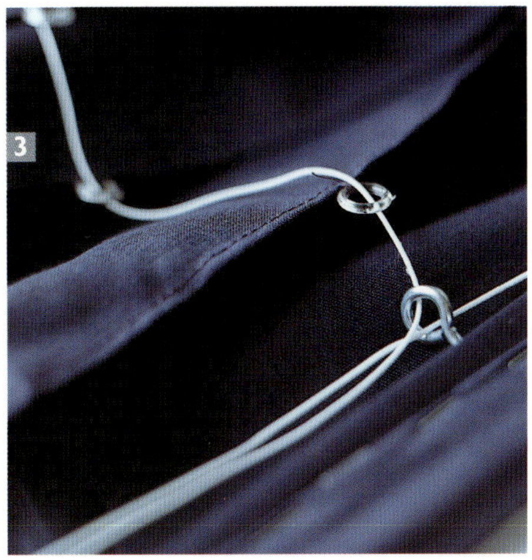

beschrieben. Bügeln Sie die Bruchlinien zwischen den Nähten, sodass eine Ziehharmonikaform entsteht. Siehe 1.

Nähen Sie im Abstand von 12 cm zu den Seiten rechts und links einen Rolloring auf die Rückseite der ersten, unteren Falte auf. Wiederholen Sie dies auf beiden Seiten bis zum oberen Rollorand; achten Sie darauf, dass die Ringe genau in einer Linie liegen. Siehe 2.

Schieben Sie einen Holzstab in den Tunnelsaum am unteren Rollorand und schließen Sie ihn mit Staffierstichen (siehe Seite 152).

Verzieren Sie den unteren Teil des Rollos mit Pailletten (siehe Seite 155).

Bohren Sie zwei Löcher in die Vorderseite des Kantholzes. Bespannen Sie das Holz mithilfe des Tackers mit dem Rollostoff. Durchstechen Sie den Stoff an den Bohrlöchern mit einer Vorstechahle.

Schrauben Sie je 12 cm neben der Außenkante zwei Schraubenösen so in die Unterseite des Holzes, dass sie mit den Ringen auf der Rückseite des Rollos in einer Flucht liegen. Schlagen Sie den oberen Rollorand über das Kantholz und tackern Sie den Stoff auf die Rückseite des Holzes, wobei Sie die unversäuberte Stoffkante einschlagen.

Schneiden Sie zwei Schnüre von je zweimal der Länge plus einmal der Breite des Rollos zu. Befestigen Sie bei herabgelassenem Rollo eine Schnur am unteren Ring jeder Reihe auf einer Seite, und führen Sie sie vertikal jeweils durch den nächsten Ring bis zum oberen Rand. Wiederholen Sie diesen Arbeitsgang auf der anderen Seite. Siehe 3.

Schrauben Sie das Kantholz bei herabhängenden Schnüren durch die vorgebohrten Löcher an den Fensterrahmen.

Ziehen Sie die Schnüre durch beide Schraubenösen auf die Seite, an der der Knopfgriff für die Schnur hängen soll. Befestigen Sie den Knopfgriff. Schrauben Sie einen Doppelhaken auf den Fensterrahmen, um die Schnur daran festhaken zu können. Siehe 4.

Leinenvorhang im Vintage-Stil Bettlaken sind ausgezeichnete Vorhänge. Kombiniert mit Schlaufenaufhängung und Bändchenbesatz, werden Sie zu einem eleganten Schlafzimmervorhang. Befestigen Sie an einer Fensterseite einen großen Haken, in den der Vorhang zurückgeschoben werden kann.

Material & Zubehör

Bettlaken mit Monogramm

Stoff für die Schlaufen

5 cm breites Einfassband

Farblich passendes Baumwollgarn

Messen Sie die Vorhanggröße ab, wobei Sie eine Nahtzugabe von 2,5 cm an jeder Kante hinzufügen. Das separate Stoffteil mit dem Monogramm misst etwa ein Fünftel der Vorhanglänge. Schneiden Sie diese Stoffbahn zuerst zu, dann den Vorhang. Aus passendem Stoff schneiden Sie einen 9 cm breiten Besatz, dessen Länge der Breite des Vorhangs plus jeweils 2,5 cm Nahtzugabe entspricht.

Schneiden Sie aus demselben Stoff Schlaufen à 15 cm x 25 cm zu (ca. alle 15 cm eine).

Falten Sie jede Schlaufe rechts auf rechts längs zusammen und steppen Sie sie entlang der Längsseite. Bügeln Sie die Naht auseinander; wenden Sie die Schlaufe. Falten Sie die Schlaufe so, dass die Naht in der Mitte liegt.

Fassen Sie die Seitenkanten, die untere Kante und das Feld mit dem Monogramm an Unter- und Seitenkanten mit Band ein. Heften und steppen Sie das Band fest. Siehe [1].

Falten Sie die Schlaufen so auf die Hälfte, dass die kurzen Enden aufeinander liegen, und positionieren Sie sie. Dabei zeigen die Schlaufenköpfe auf der rechten Stoffseite nach unten. Legen Sie den Besatzstreifen rechts auf rechts auf die Schlaufen, sodass die Schlaufen zwischen Vorhang und Besatz liegen, und stecken Sie alles mit Stecknadeln fest. Steppen Sie entlang der oberen Vorhangkante und schneiden Sie anschließend die Naht zurück. Siehe [2].

Legen Sie den Besatzstreifen auf die linke Seite des Vorhangstoffes um. Schlagen Sie nun die Seitenenden sauber ein und nähen Sie sie mit Staffierstichen (siehe Seite 152) zu. Nähen Sie den Besatz anschließend mit der Maschine oder von Hand an den Vorhang an. Siehe [3].

Stecken und steppen Sie die Stoffbahn mit dem Monogramm an die obere Vorhangkante.

Verzierter Voilevorhang Schleierartige Fenstervorhänge sind oft unumgänglich, wenn man den Privatbereich vor neugierigen Blicken schützen möchte. Ein Voilegewebe ist von der Optik her aber nicht unbedingt eine Pracht – machen Sie daher etwas Besonderes daraus und verzieren Sie eine Voilestoffbahn mit Seidenblumen. Kaufen Sie Blumen in unterschiedlichen Größen und Farben und nähen Sie sie verstreut auf den Stoff, damit es natürlich und nicht zu steif oder zu regelmäßig aussieht.

Material & Zubehör

Voile oder Organza passend zur Größe Ihres Fensters

Seidenblumen

Weißes Garn

Aufbügelbarer Klebstoff (optional)

Schneiden Sie den Voile auf die Länge und Breite des Fensters zu und rechnen Sie am oberen Stoffrand eine Stoffzugabe ein, durch die eine Holzstange, ein Eisenstab oder ein Drahtseil geführt werden kann, sowie am unteren Stoffrand 4 cm Nahtzugabe für einen doppelt eingeschlagenen Saum. An den Längsseiten geben Sie jeweils 1,5 cm für die Naht hinzu.

Schlagen Sie auf beiden Längsseiten den Saum 1 cm breit ein, bügeln und steppen Sie ihn anschließend.

Legen Sie an der unteren Vorhangkante zunächst eine 2 cm breite Nahtzugabe für den Saum um und bügeln Sie sie leicht. Legen Sie den Einschlag danach erneut um, sodass die unversäuberte Stoffkante verdeckt wird. Bügeln und steppen Sie sie anschließend, um den Saum fertig zu stellen.

Fertigen Sie an der oberen Vorhangkante einen Tunnel für die Vorhangstange oder den Seilspanner.

Verteilen Sie die Blumen willkürlich auf dem Vorhang. Beginnen Sie mit den großen Blumen und nähen Sie sie mit weißem Garn und feinen Stichen auf, damit die Stiche möglichst unsichtbar sind.

Verfahren Sie ebenso mit den kleineren Blumen. Ordnen Sie sie in kleinen Grüppchen oder einzeln an. Nähen Sie sie wie oben beschrieben auf.

Alternativ können Sie die Blumen mit aufbügelbarem Klebstoff befestigen. Befolgen Sie dabei die Gebrauchsanweisung des Herstellers. Diese Methode eignet sich nur, wenn die Blumen flach auf dem Stoff liegen.

Leuchten

Lampenschirm aus Samtausbrenner

Möbeln Sie einen altmodischen Lampenschirm mit einem Samtausbrennerstoff auf und dekorieren Sie den unteren Rand mit einem Fransenbesatz. Eine solche Lampe passt gut zu venezianischen Spiegeln oder Kristallkandelabern.

Material & Zubehör

Alter Lampenschirm

Samtausbrennerstoff und Futter

Farblich passende Einfassung

Spitzen- und Fransenbesatz

Samtband

Passendes Seidengarn

Leimpistole

Flammen hemmendes Spray

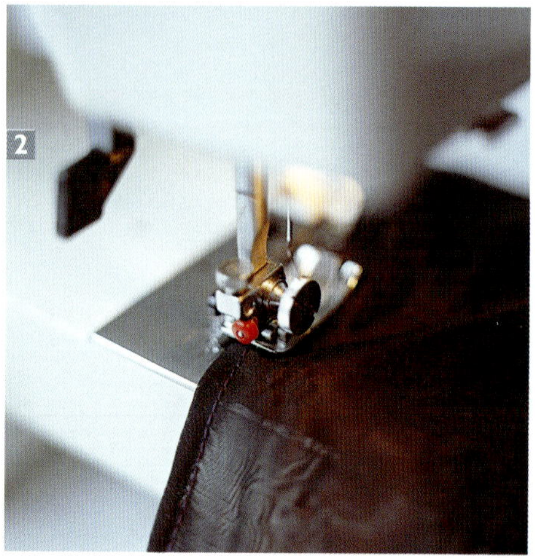

Besprühen Sie den Stoff, den Sie für den Lampenschirm benutzen, mit Flammen hemmendem Spray und verwenden Sie nur Glühlampen mit geringer Wattzahl. Der Stoff darf nicht mit der Glühlampe in Berührung kommen.

Nehmen Sie den alten Schirm von der Lampe und trennen Sie den Stoff ab. Ermitteln Sie, wie viel Stoff Sie benötigen. Stecken Sie jedes Stoffteil auf den Ausbrennerstoff. Schneiden Sie diesen mit rundum 1,5 cm Nahtzugabe zu. Verfahren Sie beim Futterstoff ebenso.

Für das Futter des Lampenschirms nähen Sie die Teile mit einer französischen Naht aneinander: Legen Sie die Stoffteile links auf links und steppen Sie sie im Abstand von 9 mm zur Stoffkante zusammen. Die Nahtzugaben auf 3 mm zurückschneiden und auseinander bügeln. Siehe [1]. Legen Sie nun die Stoffteile genau in der Nahtrille rechts auf rechts zusammen. Bügeln Sie den Bruch flach ein und steppen Sie ihn 5 mm breit ab. Bügeln Sie den Saum zu einer Seite. Siehe [2]. Wiederholen Sie diesen Arbeitsgang, bis alle Teile des Futters zusammengesetzt sind. Verfahren Sie mit dem Ausbrennerstoff ebenso.

Befestigen Sie mit Klebstoff ein Ende der Einfassung oben am Lampenschirmgestell und ziehen Sie sie dann stramm um den Ring. Nähen Sie die Enden von Hand fest. Wiederholen Sie diesen Arbeitsgang am unteren Ring des Gestells.

Säumen Sie die Ober- und Unterkante von Bezug und Futter mit einem doppelt umgeschlagenen Saum. Wenden Sie den Ausbrennerstoff auf rechts und ziehen Sie ihn über das Gestell. Befestigen Sie ihn an der Einfassung und nähen Sie ihn von Hand daran an.

Beziehen Sie mit dem Futter die Innenseite des Schirms. Stecken und nähen Sie es oben und unten an die Einfassung. Schneiden Sie es vertikal ein, legen Sie ein Stückchen Einfassung über die unversäuberten Kanten und nähen Sie diese von Hand fest.

Setzen Sie einen Fransenbesatz auf den Rand des Lampenschirms. Bringen Sie auf der Oberkante eine Samtbandabdeckung an.

Tischleuchte Für stimmungsvolles Licht sorgen Sie mit diesem Lampenschirm in Wildlederoptik. Wenn Sie es noch schummriger mögen, nehmen Sie einen dunkleren Stoff, sodass das Licht nur oben und unten aus dem Lampenschirm dringt. Blumenschmuck bringt eine heimelige Note ins Spiel.

Material & Zubehör

Ein alter Lampenschirm

Wildlederimitat

Farblich passendes Garn

Wildlederartige Zickzacklitze oder Rüschenband für die Einfassung

Blumenmotive

Papier und Bleistift

Leimpistole

2

Stellen Sie vom alten Lampenschirm ein Schnittmuster her: Legen Sie dazu den Schirm auf die Ecke eines Stücks Papier und zeichnen Sie die obere und untere Kante des Schirms mit Bleistift auf das Papier. Rollen Sie den Lampenschirm weiter bis zum Ende der Bleistiftlinien und zeichnen Sie an dieser neuen Stelle den oberen und unteren Rand des Lampenschirms erneut auf. Verfahren Sie so weiter, bis Sie die Schirmfläche einmal rundherum gerollt haben. Auf diese Weise ermitteln Sie, wie viel Stoff Sie zum Beziehen Ihres Lampenschirms benötigen. Siehe 1.

Schneiden Sie das Schnittmuster aus und legen Sie es auf den Lampenschirm, um zu prüfen, ob es richtig passt.

Stecken Sie das Schnittmuster aus Papier mit Stecknadeln auf das Lederimitat und schneiden Sie den Stoff mit 1,5 cm Nahtzugabe für den Saum zu.

Säumen Sie die geraden Stoffkanten und stecken Sie den Bezug mit Stecknadeln auf den Lampenschirm. Nähen oder kleben Sie die obere und untere Stoffkante fest. Siehe 2.

Kleben Sie den überlappenden seitlichen Saum fest oder nähen Sie ihn mit Staffierstichen (siehe Seite 152) an.

Kleben oder nähen Sie die Blumenmotive vorne auf den Lampenschirm.

Kleben Sie zum Schluss die Zickzacklitze oder das Band auf den oberen und unteren Rand des Lampenschirms.

NATIONAL GEOGRAPHIC
INDEX
1888-1988
HUMAN LEAGUE GREATEST HITS
ROBERTSON DAVIES · THE REBEL ANGELS
ROBERTSON DAVIES · THE LYRE OF ORPHEUS
ROBERTSON DAVIES · THE SALTERTON TRILOGY
ROBERTSON DAVIES · MURTHER & WALKING SPIRITS
ROBERTSON DAVIES · THE REBEL ANGELS
ROBERTSON DAVIES · THE LYRE OF ORPHEUS
INTERIOR
AUTO OPERATION SYSTEM
Panasonic Video Cassette Recorder NV-G45 HQ

Bezüge für Stuhl, Sessel & Sofa

10

Bürostuhl-Bezug Peppen Sie ohne Nadel und Faden einen langweiligen Bürostuhl mit diesem einfachen Bezug auf. Wählen Sie einen strapazierfähigen Stoff mit abstraktem Muster in leuchtenden Farben. Achten Sie darauf, dass die Polster abnehmbar sind und verwenden Sie keine schmutzempfindlichen Stoffe.

Material & Zubehör

1 m strapazierfähiger Stoff

Tacker

Schraubenzieher

Schrauben Sie die Rückenlehne und den Sitz ab, um die Schaumstoffpolster herauszunehmen und nehmen Sie die Bezüge ab.

Legen Sie das Rückenpolster mit der Vorderseite nach unten auf den Stoff und schneiden Sie den Stoff mit etwa 10 cm Zugabe ringsherum zu. Wiederholen Sie diesen Arbeitsgang mit dem Sitzpolster. Siehe 1.

Legen Sie den Stoff mit der rechten Seite nach unten; legen Sie das Rückenpolster mit der Vorderseite mittig auf die linke Stoffseite.

Tackern Sie den Stoff auf die Rückseite des Rückenpolsters (dort, wo der alte Bezug befestigt war) und ziehen Sie den Stoff dabei fortlaufend stramm, um Falten und Kniffe zu vermeiden. Siehe 2.

Wiederholen Sie diesen Arbeitsgang mit dem Sitzpolster.

Drücken Sie beide Polster in ihre Kunststoffhalterungen zurück und schrauben Sie sie wieder an den Stuhl.

Lose Bezüge Wenn man einen alten Sessel mit einem abnehmbaren, losen Bezug wieder aufmöbelt, kann man Geld sparen. Dieses Projekt ist zeitaufwändig und wenn Sie noch nichts Ähnliches genäht haben, sollten Sie mit einem kastenförmigen Sessel beginnen.

Material & Zubehör

6 bis 8 m Stoff (Leinen oder schwerer Baumwollstoff)

Schnurpaspel der Stärke Nr. 4 in ausreichender Länge, um beide vorderen Armlehnflächen und die obere und untere Kante des Sitzkissens umrunden zu können

Farblich passendes Baumwollgarn

Haken und Ösen

Reißverschluss für das Sitzkissen

➤ *Bitte beachten Sie, dass das Beziehen der Armlehnen der schwierigste Teil der Arbeit ist. Die einzelnen Schritte werden daher umseitig illustriert. Zur Vereinfachung werden die anderen Stoffteile nicht gezeigt.*

Nehmen sie Maß!

Nehmen Sie den alten, losen Bezug ab und schauen Sie sich den darunter liegenden festen Bezug an. Er besteht aus einzelnen zusammengesetzten Teilen. Wenn Sie einen losen Bezug herstellen, müssen Sie jedes dieser Teile aus Stoff zuschneiden. Orientieren Sie sich beim Messen daher an diesen Teilen.

Messen Sie jede Fläche des Sessels aus. Fertigen Sie von jeder Fläche eine Zeichnung an, in die Sie die Maße eintragen. Gemessen wird jeweils die maximale Breite und Länge einer Fläche. Vermerken Sie den Fadenlauf. Verfahren Sie beim Sitzkissen genauso. Geben Sie bei allen Sesselflächen rundum 5 cm Nahtzugabe zu. Beim Sitz und bei den inneren Rücken- und Armlehnen werden am hinteren bzw. am unteren Ende zu der 5 cm breiten Nahtzugabe weitere 10 cm zum Einstecken zugegeben.

Für einen angesetzten Behang mit Kellerfalten in den Ecken (siehe Seite 150) werden von der Höhe der Rückenlehne, der Seiten und der Vorderseite 14 cm abgezogen. (Die Höhe ist der Abstand zwischen dem höchsten Punkt der Rückenlehne und dem Boden sowie zwischen dem höchsten Punkt der Seitenteile und der Vorderseite und dem Boden.) Die einzelnen Stoffstreifen für den Behang mit Kellerfalten müssen jeweils der Breite des Rückenteils, der Seitenteile und der Vorderseite entsprechen und 18 cm hoch sein. Geben Sie 1,5 cm für die Säume zu. Schneiden Sie drei 18 cm x 18 cm große Eckeinsätze und zwei kleine Einsätze von 18 cm x 10 cm zu.

Messen Sie das obere und untere Teil des Sitzkissens aus und geben Sie rundum 3 cm Nahtzugabe hinzu. Unterteilen Sie den Seiteneinsatz des Kissens in seine vier Teile. Das vordere Teil sollte sich leicht um die Seiten legen, sodass vorne keine Verbindungsnähte sichtbar sind. Das Gleiche gilt für das hintere Teil. Hierdurch entsteht auch eine größere Öffnung zum Einschieben des Kissens. Geben Sie zum Breiten- und Höhenmaß aller Einsatzteile je 3 cm Nahtzugabe hinzu. Zum Stoffteil mit dem Reißverschluss werden weitere 1,5 cm Nahtzugabe hinzugegeben.

Kennzeichnen Sie die unterschiedlich großen Kissen- und Sesselteile direkt im Anschluss an den Zuschnitt, damit Sie wissen, welches Stoffteil zu welchem Sesselteil gehört.

Bewahren Sie alle Stoffreste auf, um daraus die Paspeln herzustellen (siehe umseitige Anleitung). Paspelieren Sie die Kanten des Sitzkissens und der Armlehnen.

Nähen Sie lose Bezüge am besten aus einfarbigen Stoffen, damit Sie keine Muster aufeinander abstimmen müssen. Wählen Sie einen starken waschbaren Stoff. Für den hier abgebildeten Lehnsessel habe ich Leinen verwendet, um ihm einen ungezwungenen Look zu verleihen. Das Beziehen eines Sofas erfolgt in genau

Passen Sie den Bezug wie folgt an:

Stecken Sie über die Mitte der Rückenlehne, der Sitzvorderseite und des vorderen Sesselrands eine Reihe Stecknadeln auf. Siehe 1.

Legen Sie die Stoffmitte des Teils für die äußere Rückenlehne genau auf die Sesselmitte. Stecken Sie den Stoff an der oberen Kante fest, streichen Sie ihn glatt und stecken Sie die Seitenkanten fest. Stecken Sie die Nadeln dort ein, wo die Nahtlinien verlaufen sollen.

Stecken Sie nun das Stoffteil für die innere Rückenlehne auf den Sessel, dabei liegt die Zugabe zum Einstecken an der unteren Kante auf der Sitzfläche. Markieren Sie die Nahtlinien.

Stecken Sie den Stoffstreifen für die Oberkante und die Seiten der Rückenlehne an die Teile der Vorder- und Rückseite.

Stecken Sie für die Armlehne das innere und äußere Lehnenteil rechts auf rechts zusammen. Stecken Sie das Lehnenteil auf die Sessellehne und markieren Sie die Nahtlinien. Die Zugabe zum Einstecken liegt auf der Sitzfläche. Siehe 2.

Stecken Sie die vordere Armlehnenfläche an den Kanten des Lehnenbezugs fest. Schneiden Sie den Stoff zurück und Kerben ein. Siehe 3.

1

2

Schneiden Sie den Armlehnenbezug, wo er auf die Rückenlehne trifft, zurück und stecken Sie ihn an das innere Rückenteil und die Seiten des Rückenteils. Wiederholen Sie diesen Arbeitsgang an der anderen Armlehne.

Stecken Sie das Stoffteil für die Sitzfläche an. Die Zugabe zum Einstecken liegt hinten und an den Seiten. Stecken Sie die Zugabe zum Einstecken rund um den Sitz zusammen.

Verbinden Sie das Vorderteil mit dem Sitzteil und dem Armlehnenteil.

Messen Sie genug Baumwollpaspel für die Sessellehnen ab. Schneiden Sie einen Stoffstreifen in der gleichen Länge zu und legen Sie die Paspel in die Stofffalte. Nähen Sie die Paspel mit dem Reißverschlussfuß zusammen.

Nehmen Sie den Bezug vom Sessel ab und legen Sie die Paspel um die Armlehnen. Ziehen Sie jeweils immer nur eine Stecknadel heraus, schieben die Paspel zwischen die Stoffteile und stecken die Nadeln wieder ein. Siehe 4.

Heften und steppen Sie alle Nähte bis auf eine Naht auf der Rückseite. Schneiden Sie die Kanten zurück und versäubern Sie sie. Wenden Sie den Bezug, stülpen Sie ihn über den Sessel und überprüfen Sie die Passform.

Markieren Sie 14 cm ab Boden die Linie, an der der Kellerfaltenbehang befestigt wird.

der gleichen Weise wie das Beziehen eines Lehnsessels, nur dass man die Stoffteile maßstäblich vergrößern muss. Für den Bezug des Sofarückenteils müssen Sie eventuell mehrere Stoffbahnen zusammennähen, um die gewünschte Breite zu erhalten.

Stellen Sie den Behang mit den Kellerfalten aus den unterschiedlich langen Stoffstreifen her. Nähen Sie einen langen Streifen aus dem vorderen Teil, den seitlichen Teilen und dem rückwärtigen Teil mit den Einsatzquadraten für die Ecken wie folgt zusammen: Stecken und heften Sie das vordere Teil des Behangs und je ein Einsatzquadrat an den beiden Enden rechts auf rechts zusammen. Befestigen Sie die Seitenteile in der gleichen Weise an den offenen Enden der Einsatzquadrate. Befestigen Sie ein Einsatzquadrat am offenen Ende eines Seitenteils und daran wiederum das Rückenteil. Befestigen Sie ein kleines Einsatzteil am offenen Ende eines Seitenteils und ein kleines Einsatzteil am offenen Ende des Rückenteils. Nähen Sie alle Teile zu einem langen Streifen zusammen.

Für die Kellerfalten legen Sie die Bruchlinien zu beiden Seiten eines Einsatzteils so auf die Mitte des Quadrats, dass die Linien an der oberen Kante aufeinander treffen. Stecken und heften Sie sie fest Siehe 5.

Stecken Sie den Behang auf die markierte Linie. Heften und steppen Sie den Behang auf, schneiden Sie die Nahtkanten zurück und versäubern Sie sie mit Zickzackstich.

Schneiden Sie ein 8 cm breites Besatzstück von der doppelten Länge der rückwärtigen Öffnung zu. Legen Sie die rechte Stoffseite des Besatzes Kante auf Kante auf die linke Stoffseite an der Öffnung des Bezugs. Stecken, heften und steppen Sie die Teile aneinander.

Falten Sie den Besatz auf die rechte Seite der Öffnung, schlagen Sie den Saum ein und steppen Sie den Besatz fest. Wiederholen Sie dies auf der anderen Seite der Öffnung. Bringen Sie Haken und Ösen an.

Versäubern Sie die unteren Kanten des Bezugs. Steppen Sie einen Saum.

Setzen Sie den Reißverschluss in das hintere Kissenseitenteil ein. Nähen Sie die Seitenteile zusammen und stecken Sie sie rechts auf rechts an das obere Stoffteil. Stellen Sie für den oberen und unteren Rand eine Paspel her und legen Sie sie ringsherum ein. Nähen Sie das obere Stoffteil an die Seitenteile. Am Unterteil wiederholen. Wenden Sie den Bezug.

Lose oder abnehmbare Bezüge Eine wesentliche Rolle spielt der Stoff, aus dem Sie einen solchen Bezug nähen – er muss nicht nur praktisch sein, sondern auch den Stil des Interieurs abrunden. Denken Sie darüber nach, welchen Look Sie erzielen möchten. Leinen vermittelt zum Beispiel eine elegante und gleichzeitig entspannte Atmosphäre; weißer Denim ist frisch, sauber und praktisch, weil er strapazierfähig und leicht zu waschen ist, und Stoffe mit einem hohen Baumwollanteil in Eiscremefarben verleihen einer ganz in Weiß gehaltenen Einrichtung 50er-Jahre-Stimmung.

Abnehmbare Bezüge oder Hussen können Sie auch für Esszimmerstühle nähen. Mit schicken Knöpfen auf der Rückseite oder Schnürsäumen wirken sie formaler.

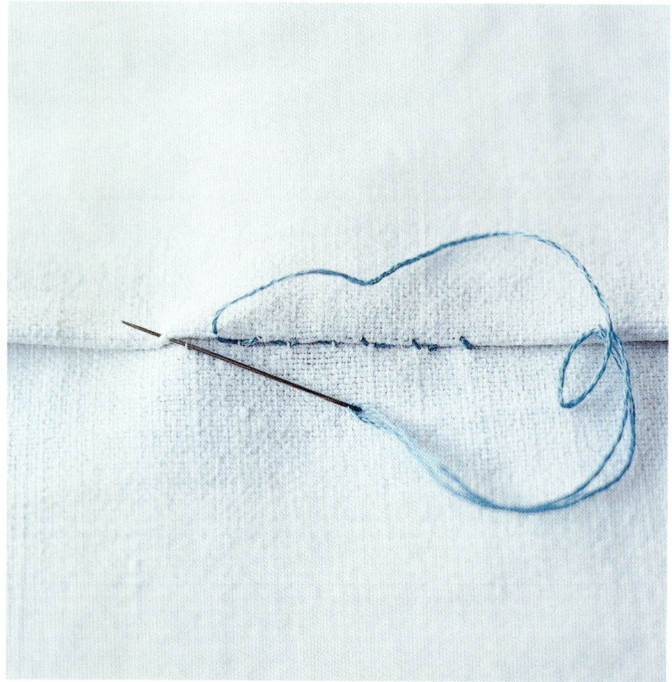

Rückstich

Gearbeitet wird von rechts nach links. Beginnen Sie mit einem normalen Vorstich. Lassen Sie eine Lücke von der Länge des letzten Stichs frei und stechen Sie die Nadel auf der linken Stoffseite ein und auf der rechten Stoffseite aus. Statt weiter nach links zu nähen, arbeiten Sie rückwärts und stechen die Nadel am Ende des letzten Stiches ein und ziehen sie wieder auf die linke Stoffseite. Nun wiederholen Sie den vorherigen Schritt und nähen so eine durchgehende Stichlinie. Versuchen Sie, alle Stiche gleich lang zu arbeiten.

Staffierstich

Der Staffierstich eignet sich zum Schließen von Öffnungen und ist, wenn er sauber gearbeitet ist, fast unsichtbar. Gearbeitet wird von rechts nach links. Man beginnt mit einem kleinen Stich durch die eingeschlagenen Stoffkanten und arbeitet dann einen weiteren Stich durch den darunter liegenden Stoff und zieht den Faden stramm. Diesen Vorgang wiederholt man über die Länge des Stoffes und arbeitet die Stiche alle in der gleichen Länge. Der Staffierstich eignet sich auch zum Säumen. Dann wird jedoch nur ein sehr kleiner Stich durch die untere Stofflage gearbeitet.

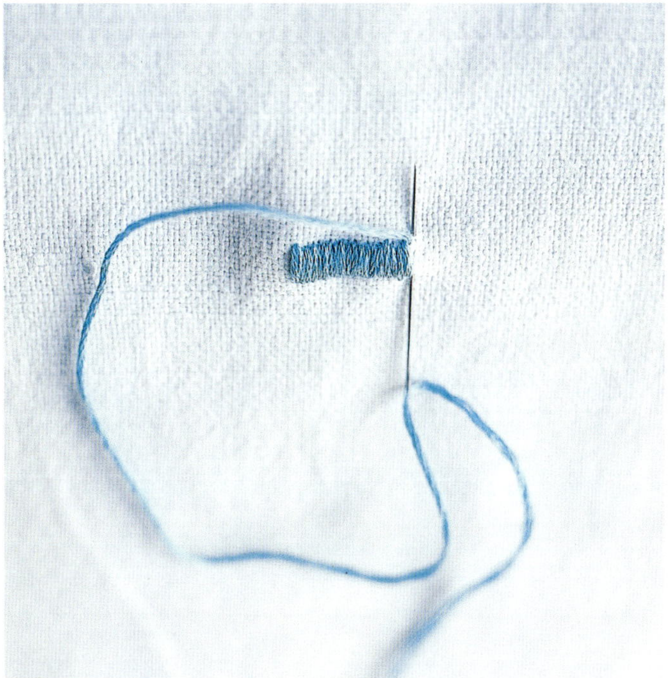

Flachstich

Dieser glatte und feste Stich kann zum Füllen kleiner Flächen, wie Monogramme, Blätter und Blumen, genutzt werden. Gearbeitet wird von links nach rechts. Beginnen Sie mit einem vertikalen Stich. Stechen Sie die Nadel für den nächsten Stich so auf der linken Stoffseite ein, dass sie unten rechts, neben dem ersten Stich, ausgestochen wird. Ziehen Sie die Nadel durch den Stoff, vervollständigen Sie den Stich und stechen Sie die Nadel in die Ausgangsposition des nächsten Stichs ein. Arbeiten Sie die Stiche gleich lang. Sie müssen parallel zueinander sein und so dicht nebeneinander liegen, dass kein Stoffuntergrund zu sehen ist.

Knötchenstich

Der Knötchenstich bildet einen plastisch hervortretenden Knoten, den man einzeln oder in Gruppen platzieren kann. Gearbeitet wird in keine bestimmte Richtung. Stechen Sie die Nadel von der linken Stoffseite aus nach oben durch und halten Sie dabei den Faden zwischen einem Finger und dem Daumen stramm. Wickeln Sie den Faden ein- oder zweimal, jedoch nicht öfter, ziemlich fest um die Nadelspitze. Stechen Sie die Nadel bei stramm gezogenem Faden unmittelbar neben der Ausstichstelle erneut ein und ziehen Sie die Nadel zur linken Stoffseite durch. Lockern Sie erst ganz zum Schluss die Fadenspannung.

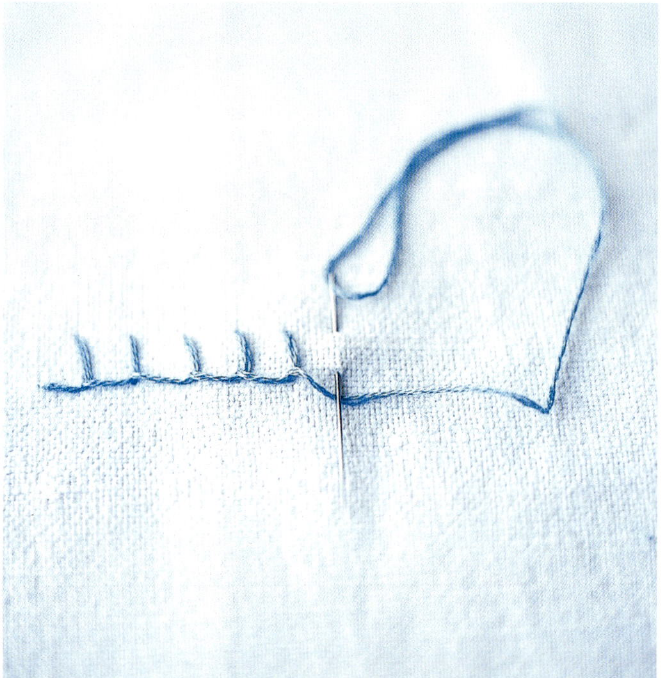

Langettenstich

Der Langettenstich ist die traditionelle Art, um unversäuberte Kanten von Wolldecken zu fixieren. Er ist schnell gearbeitet und verhindert, dass das Gewebe ausfranst. Gearbeitet wird von links nach rechts. Stechen Sie die Nadel von der linken Stoffseite nach oben durch (dieser erste Stich definiert die Position der unteren Stichlinie). Stechen Sie die Nadel, von diesem Punkt diagonal nach rechts oben gehend, in den Stoff ein und stechen Sie die Nadelspitze senkrecht darunter auf Höhe der unteren Stichlinie wieder aus. Legen Sie den Faden unter die Nadelspitze, sodass er vom ersten Einstichloch bis zum Nadelöhr unter der Nadelspitze und dann auf der rechten Seite der Nadel liegt. Ziehen Sie die Nadel durch den Stoff. Wiederholen Sie diesen Arbeitsgang entlang der Linie und achten Sie darauf, die Stiche gleichmäßig anzuziehen, sodass ein sauberes Bild entsteht.

Knopflochstich

Der Knopflochstich wird mit dem gleichen Grundstich und in der gleichen Weise wie der Langettenstich gearbeitet, die einzelnen Stiche liegen jedoch dicht nebeneinander, sodass kein Stoffuntergrund zu sehen ist. Beginnen Sie dort, wo das Knopfloch sitzen soll, und nähen Sie zwei parallel verlaufende Stiche von der Länge des Knopfdurchmessers. Beginnen Sie am Ende eines der langen Stiche, entlang der Knopflochbreite Knopflochstiche zu arbeiten. Umstechen Sie das Ende des langen Stiches fächerförmig mit überwendlichen Stichen. Nähen Sie dann wiederum mit Knopflochstich entlang des zweiten langen Stiches und umstechen Sie auch hier das Ende fächerförmig mit überwendlichen Stichen. Schneiden Sie den Schlitz für das Knopfloch zwischen den beiden Stichlinien mit einem Trennmesser oder einer scharfen Stickschere auf.

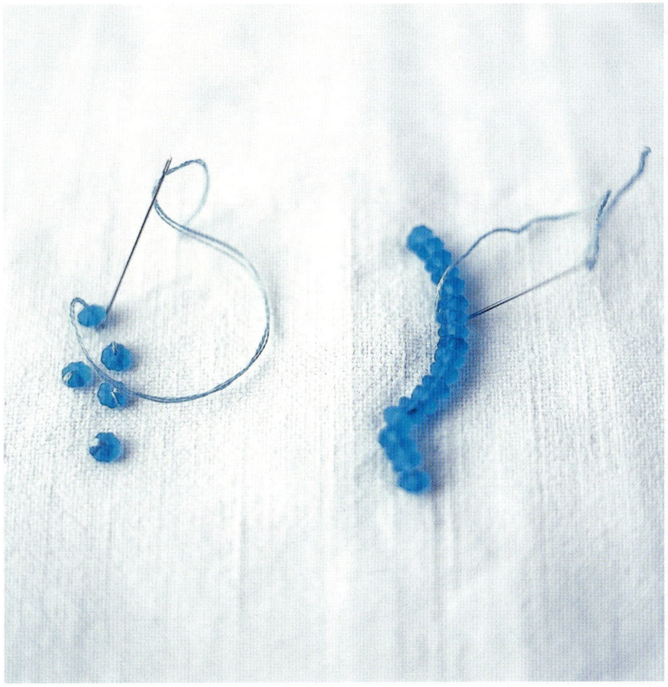

Perlen aufnähen

Um eine einzelne Perle auf ein Stück Stoff zu nähen, stechen Sie die Nadel von der linken Stoffseite aus nach oben durch, fädeln eine Perle auf die Nadel und stechen dann die Nadel neben ihrer ursprünglichen Ausstichstelle wieder auf die linke Stoffseite durch. Ziehen Sie den Faden fest. Alternativ können Perlen in Reihen auf den Stoff genäht werden. Fädeln Sie die Perlen auf einen Faden auf und verknoten Sie die Fadenenden. Legen Sie den Perlenstrang auf den Stoff. Stechen Sie unmittelbar neben der ersten Perle die Nadel mit einem neuen Faden von der linken Stoffseite aus nach oben durch. Halten Sie die erste Perle mit einem Finger fest und nähen Sie einen Überfangstich über den Faden, der die erste Perle mit der zweiten verbindet, und ziehen Sie ihn fest. Dadurch wird der Faden des Perlenstrangs befestigt. Wiederholen Sie diesen Arbeitsgang über die ganze Länge.

Pailletten aufnähen

Pailletten können mit Rückstichen in Reihen aufgenäht werden. Da der Faden, den man benutzt, sichtbar ist, nimmt man eine Farbe, die entweder zu der Paillette passt oder damit kontrastiert und ihn zum Hingucker macht. Stechen Sie die Nadel von der linken Stoffseite nach oben durch und nähen Sie eine Paillette auf. Nähen Sie einen Rückstich und nähen Sie die nächste Paillette an. Wiederholen Sie den Arbeitsgang, bis das Ende der Reihe erreicht ist. Näht man Pailletten mit Perlen auf, kann man das einzeln oder in Reihen tun. Bei einer einzelnen Paillette stechen Sie die Nadel von der linken Stoffseite aus nach oben durch, fädeln eine Paillette und dann eine Perle auf. Halten Sie die Paillette flach auf den Stoff und stechen Sie die Nadel durch das Loch in der Paillette zurück. Ziehen Sie den Faden fest, sodass die Perle die Paillette festhält.

BEZUGSQUELLEN

Abbott & Boyd
8 Chelsea Harbour Design Centre
GB-London SW10 0XE
www.abbottandboyd.co.uk
Möbelstoffe

Andrew Martin
200 Walton Street
GB-London SW3 2JL
Möbelstoffe

Anna French
Dörflinger & Nickow GmbH
Schiess-Straße 64
D-40549 Düsseldorf
und:
Werner Hasler
Appisbergstraße 4
CH-8708 Männedorf
www.annafrench.co.uk
Moderne und traditionelle Möbel- und Polsterstoffe

Anne Kyyrö Quinn
www.annekyyroquinn.com
Moderne skulpturale Interieurs und Textilien

Anta
High Street
GB-Edinburgh EH1 1TB
und:
55 Sloane Square
Cliveden Place
GB-London SW1W 8AX
www.anta.co.uk
Wolle, Schottenkaro und Tweed Möbel- und Polsterstoffe

Brunschwig & Fils
www.brunschwig.com
Möbelstoffe

Cath Kidston
8 Elystan Street
GB-London SW3 3NS
www.cathkidston.co.uk
Möbelstoffe und Wachstuch

Craft Mistress
Unit D4
The Rope Walk
Off Station Road
GB-Ilkeston
GB-Derbyshire DE7 5HX
www.craftmistress.com
Stickereibedarf

Designers Guild
Einrichtungs-GmbH
Dreimühlenstraße 38a
D-80469 München
und:
Vertriebsbüro Living Colours
Untergüt 2
CH-8704 Herrliberg
www.designersguild.com
Moderne Interieurtextilien, Polsterstoffe und textile Wohnaccessoires

Donghia
Furniture/Textiles GmbH
Grüner Sand 51
D-32107 Bad Salzuflen
www.donghia.com
Bedruckte und gewebte Textilien

Elenbach
96 Portland Road
GB-London W11 4LN
Klassische Möbelstoffe

Eley Kishimoto
215 Lyham Road
GB-London SW2 5PY
Mode und Interieurtextilien

fabfab – fabulous fabric
Internethandel
Pyramidenweg 2
D-25474 Ellerbek
www.stoffe.de

Jane Churchill
151 Sloane Street
GB-London SWIX 9BX
Möbelstoffe

Karen Nicol
www.karennicol.com
Stickereien in Sonderanfertigung

Laura Ashley
Marktgasse 2
CH-3001 Bern
und:
Augustinergasse 21
CH-8001 Zürich
www.lauraashley.com
Möbelstoffe

Lauren Moriarty
www.laurenmoriarty.co.uk
Lasergeschnittene Neoprenstoffplatten, Kissen und Leuchten

Liberty
www.liberty.co.uk
Liberty-Druckstoffe

Marimekko
Rheinstraße 19
D-60325 Frankfurt am Main
und:
Schatulle
Rosshofgasse 15
CH-4051 Basel
www.marimekko.co.uk
Klassisches skandinavisches Design in leuchtenden und starken Mustern

Megan Park
65 Leonard Street
GB-London EC2A 4QS
und:
Nina Rittweger
Maria-Theresia-Straße 3
D-81675 München
und:
Vicky H
54 Rte de Frontenex
CH-1207 Genf
www.meganpark.co.uk
Von Hand bestickte Interieur-Accessoires

Monkwell
227 Kings Road
GB-London SW3 5EJ
www.monkwell.com
Interieurstoffe

Neisha Crosland
137 Fulham Road
GB-London SW3 6SD
www.neishacrosland.com
Möbelstoffe und Accessoires

Nina Campbell
9 Walton Street
GB-London SW3 2JD
www.ninacampbell.com
Klassische Interieurstoffe

Nobilis
www.nobilis.fr
Bedruckte und gewebte französische Stoffe

Nya Nordiska Textiles
An den Ratswiesen
D-29451 Dannenberg
www.nya-nordiska.com
Interieurstoffe aller Art

Osborne & Little
Lars Leppin im Stilwerk
Kantstraße 17
D-10623 Berlin
und:
Agence Textile Daniel Topow
Corte de Montbenon 16
CH-1003 Lausanne
www.osborneandlittle.com
Interieurstoffe

www.perlenmarkt.de
Internethandel
Nordendstraße 28
D-80801 München

Perlenmarkt Idee-Design
Isabelle Danjot
Alte Gasse 14-16
D-60313 Frankfurt
Perlen aller Art

Pongees
28-30 Hoxton Square
GB-London NI 6NN
www.pongees.co.uk
Seidenspezialist, trendige Stoffe für Mode und Interieur

Rachel Ashwell
Shabby Chic
1013 Montana Avenue
Santa Monica, CA 90403, USA
www.shabbychic.com
Klassische Country-Blumenmuster

Sahco Hesslein
Kreuzberger Straße 17-19
D-90471 Nürnberg
www.sahco-hesslein.com
Ultramoderne Stoffe für das Interieur

Salt
1.17 Oxo Tower
Bargehouse Street
GB-London SE1 9PH
www.salt-uk.com
Rollos aus Wildleder und anderen außergewöhnlichen Materialien

Scalamandré
G/4 Chelsea Harbour Design Centre
GB-London SW10 0XE
www.scalamandre.com
Druckstoffe, Seide usw.

Stencil Library
Stocksfield Hall
Stocksfield
GB-Northumberland
NE43 7TN
www.stencilstore.com
Schablonen per Mail-Order

Timorous Beasties
7 Craigend Place
GB-Glasgow G 13 2UN
www.timorousbeasties.com
Handbedruckte Textilien

VV Rouleaux
6 Marylebone High Street
GB-London WIM 3PB
www.vvrouleaux.com
Posamenten, auch Spezialanfertigungen

Whaley
Harris Court
Great Horton
Bradford
GB-W. Yorks BD7 4EQ
www.whaleys-bradford.ltd.uk
Gebrauchsstoffe, Seide, Leinen, Jute usw.

Zimmer & Rohde
Zimmersmühlenweg 14-18
D-61440 Oberursel
www.zimmer-rohde.de
Möbelstoffe

Zoffany
www.zoffany.com
Moderne Möbelstoffe

INDEX

Kursiv gedruckte Seitenzahlen verweisen auf Bildunterschriften, **fett** gedruckte verweisen auf Projekte.

DANK

Die Autorin dankt allen, die unglaublich hart daran mitgearbeitet haben, dass dieses Buch in so kurzer Zeit entstehen konnte, ganz besonders aber Chris Tubbs, Alison Fenton, Zia Mattocks, Chi Lam, Liz Boyd und Anne-Marie Hoines.

Dank gilt auch den Personen, die uns erlaubt haben, bei ihnen zu Hause Fotografien zu machen, sowie den Designern, dass sie uns in so großzügiger Weise ihre Zeit für die Interviews geopfert haben.

Der Verlag dankt den folgenden Fotografen und Firmen für die freundliche Erlaubnis, die unten genannten Fotos veröffentlichen zu dürfen:

17 Nick Pope/Living etc/IPC Syndication (Stilistin: Christina Wilson); 18 Mikkel Vang/Living etc/IPC Syndication (Stilstin: Sally Hayden); 21 Chris Tubbs (Interieurdesignerin: Jacqueline Morabito; 23 und 26 Designers Guild; 30 Timorous Beasties; 31 Designers Guild; 32 Pia Tryde/Cath Kidston Ltd; 34 Designers Guild; 35 Ray Main/Mainstream; 36 Ray Main/Mainstream (Architekten: Gregory Phillips); 37 Marimekko Corporation; 38 Pia Tryde/Cath Kidston Ltd; 39 Timorous Beasties (Interieurdesignerin: Maria Speake/Retrouvius Design & Reclamation) ; 40 Ray Main/Mainstream; 41 Coco Amardeil/Abigail Lane; 46 Ray Main/Mainstream; 48 Designers Guild; 50 Megan Park; 52 Lauren Moriarty; 53 Ray Main/Mainstream; 54 Anne Kyyrö Quinn; 56f. Rory Carnegie/House & Garden/Condé Nast Publications Ltd; 61 oben links und unten Pia Tryde/Cath Kidston Ltd; 62 oben links Karen Nicol; 65 Annabel Lewis/VV Rouleaux; 66 Dan Bibb/Megan Park; 69 Designers Guild; 70f. Neisha Crosland; 73 Timorous Beasties; 74f. Rachel Ashwell; 76f. Anne Kyyrö Quinn